ICEBLUE ART
冰蓝公社
中国当代陶艺家群体

2004—2012

吉林出版集团
时代文艺出版社

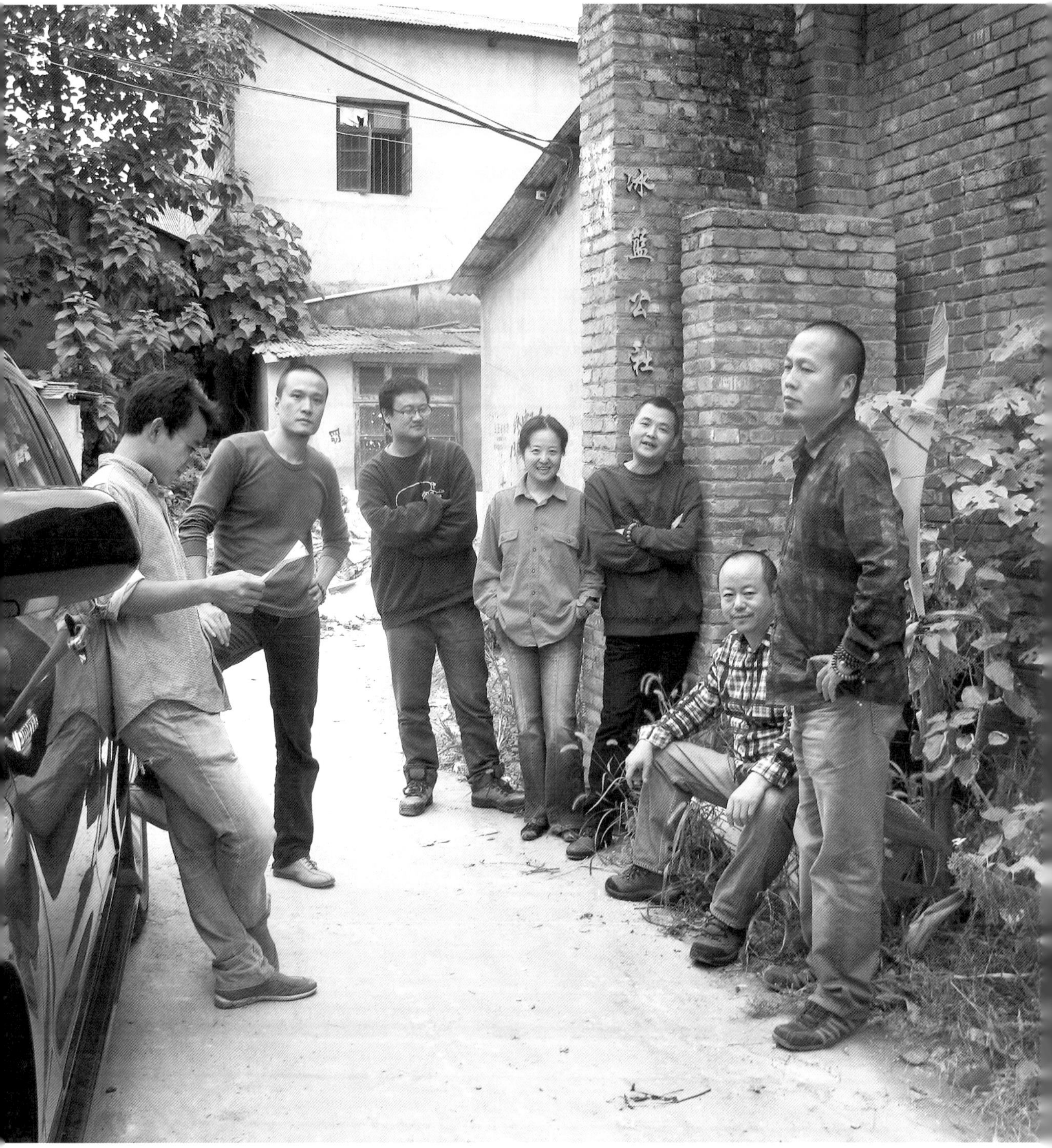
冰蓝公社

冰蓝公社态度

我们是一群既把泥巴当艺术玩，又把艺术当泥巴玩的人。除了玩泥巴，除了喝酒，除了清谈，除了晒太阳，还有些许共识，如此这般：

一、回到撒尿和泥的孩童时代，放松心情，快乐玩泥巴。

二、拓展泥巴的语言空间，因为泥巴无所不在，水火无所不在。

三、摈弃陶瓷的实用性、工艺性、艺术性，让泥巴传递内心，让内心回归泥巴。

四、纯粹表现情绪，表现泥巴的自身之美。

我们的精神在形而上的空气里飞，创作行为就像小时候砸"黄泥炮"，用力一摔，无论响与不响，都不重要了。

因此，冰蓝公社没有宣言，只有态度。

—— 周　墙

ICEBLUE ART ATTITUDE

We play with the mud like we play with the art; we play with the art like we play with the mud.

Besides the hobbit of playing with mud, drinking, talking, enjoying sunshine, there is still some other consensus between us, such as:

Firstly, go back to the innocent childhood of peeing around and playing with mud happily.

Secondly, expand the linguistic space of mud because mud is everywhere and fire and water are ubiquitous.

Thirdly, get rid of the pragmatic, technologic, artistic nature of ceramic, letting the mud pass the pure spirit of heart, letting the heart get back to the pure spirit of mud.

Our spirit flies in the air of metaphysics, our creation just like throwing the "Yellow Clay Gun" in childhood, we throw it as best as we can, then it bursts or not, it doesn't matter.

Hence, for Ice Blue Commune there is no declaration, only attitude.

Zhou Qiang

2004

1、1983年青年诗人周墙
2、1986年干道甫在安徽老家
3、2002年老安在景德镇
4、1987年朱迪在北京

1	2
3	4

$\frac{1}{\frac{2}{3}}$

1、1985年周墙千里走单骑路过杭州岳坟
2、1986年的三个人诗社成员北魏、老丁、周墙、郑文杰在安徽蒙城周墙开的小咖啡馆
3、1987年周墙在《海南开发报》当记者

1、干道甫与欧洲陶艺家和学生
2、干道甫指导陶瓷设计课程挪威班学员
3、干道甫与欧洲陶艺家
4、朱迪在威尼斯

1	2
3	4

1、老安和朱迪在景德镇创作
2、周墙俩口子采菊东篱于归园
3、干道甫与美国陶艺大师吉姆·雷迪
4、老安在景德镇

1	2
3	4

归园东篱

归园水榭

归 园

归园之秋

归园东篱

归园记

二十年前，诸友纳凉清谈于敬亭山麓，少年侠气，呼啸宛陵，独缺孔方兄。

商海沉浮，如今"醉里挑灯看剑"，已无剑气。我亦因愧对青春食言而肥，偶然踏采菊人的足迹，穿过黟渔十里的奇瀇古道，至上轴村一幢萧索的旧宅前。友人说：这是晚清奇女赛金花故居。并嘱我修复赛氏故居园林。

谨慎之余，我往上海图书馆查阅了赛氏的史料及生前玉照，我震撼了，公使夫人，平康女侠……咸集一身，古往今来斯人独奇。于是，开始斥巨资张罗修复故园事宜，并延请徽籍古建园林专家程极悦先生主事，我与先生一见如故，把酒说园，遂为忘年交。故居假先生之手方得以再现徽州清代园林之精萃。赛金花原名郑彩云，"当时明月在，曾照彩云归"，是以命斯园为"归园"！

归去来兮，田园将芜，胡不归？平日里约三二知己，喝老酒，品昆曲，游园林，月夜，妻女焚香抚琴，或酒酣剑舞，气冲斗牛，或结伽趺坐气沉丹田。晨昏鸡犬之声相闻，陶然不知时光流水。

归园主人 周墙

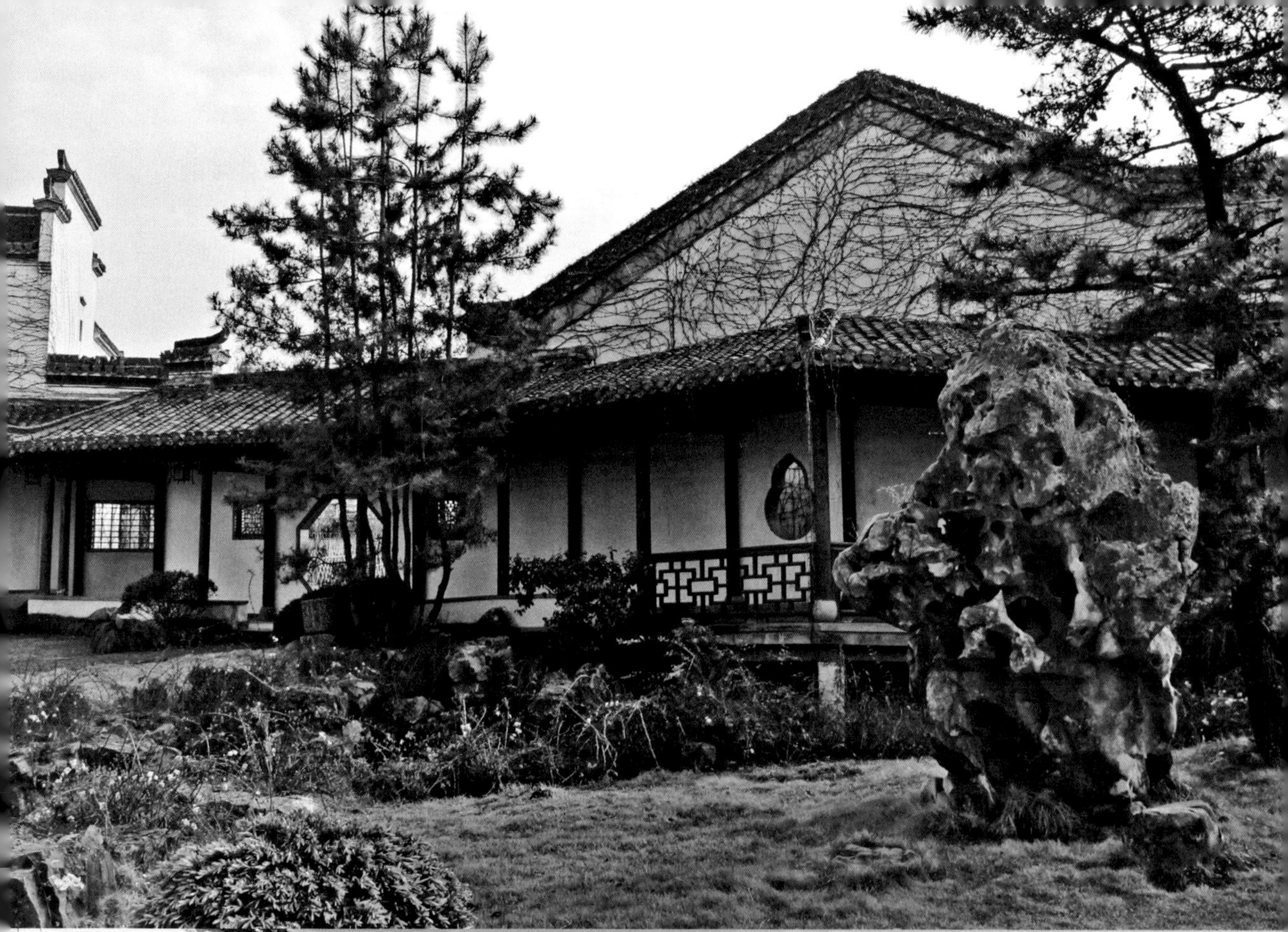
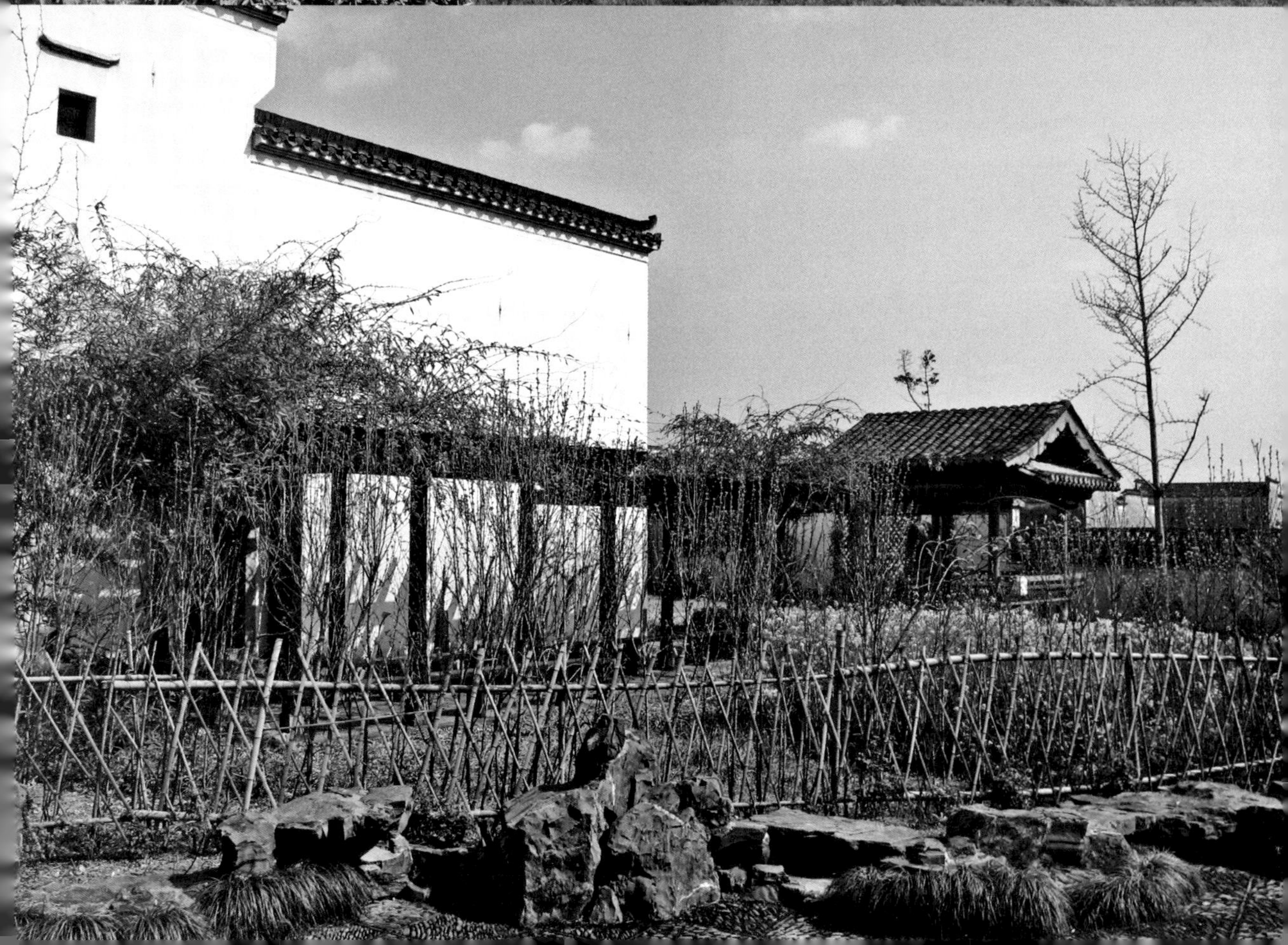

2005

首届黄山诗歌陶艺展在黄山新安山庄陶艺壁画《皖秋》前
左起赵野、杨上清、张小波、马松、默默、翟永明、李亚伟
摄影者：周墙

斗地主的诗人

1	2
3	4

1、朱迪在威尼斯摄影展上
2、在快乐的老鸭滩，老安、周墙，
　　拍照者干道甫
3、干道甫与朱迪在长沙
4、2005初秋年周墙自驾远行坝上草原

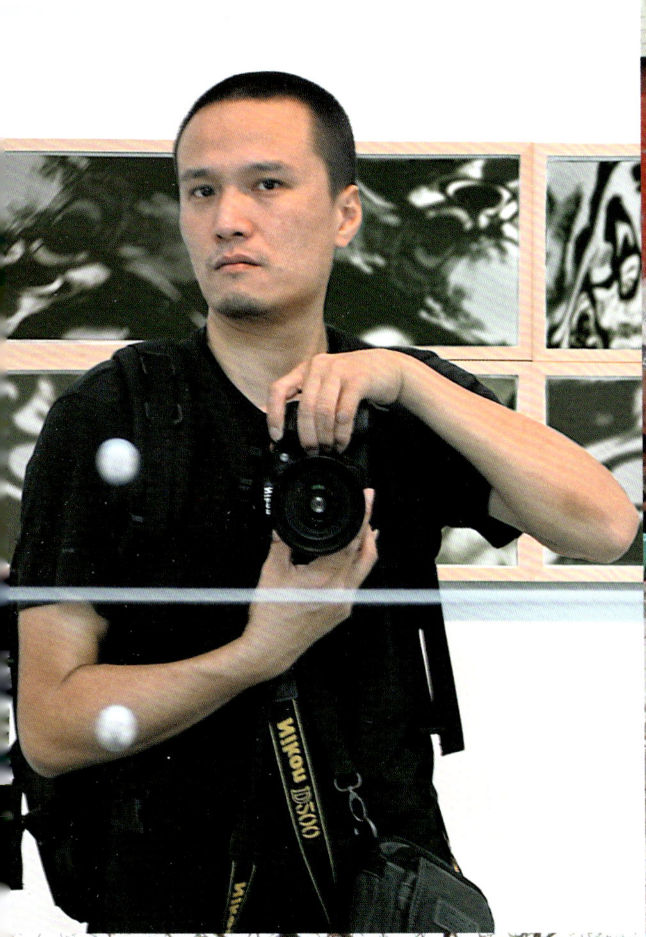

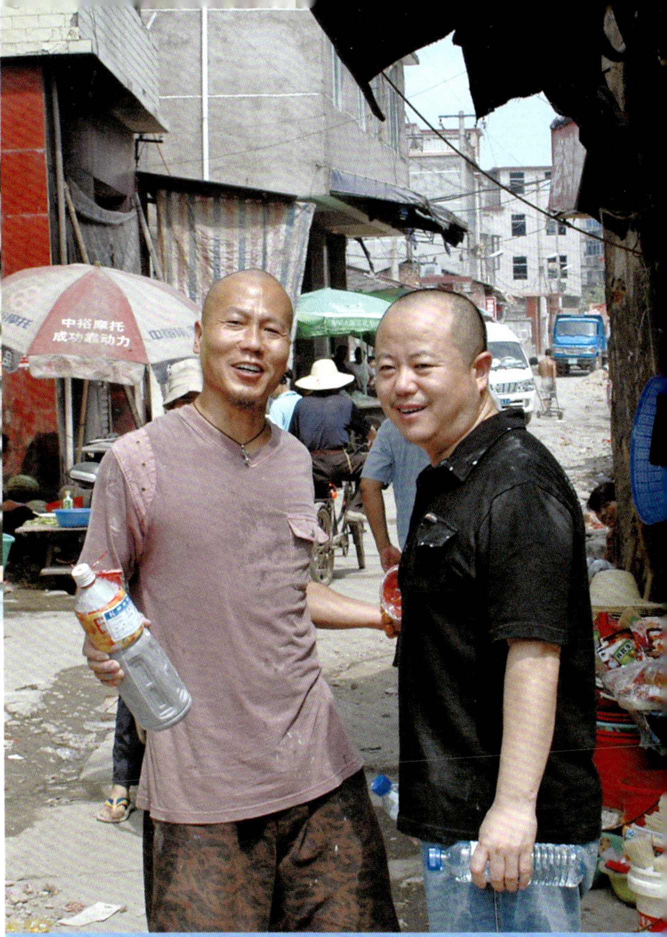
中裕摩托
成功靠动力

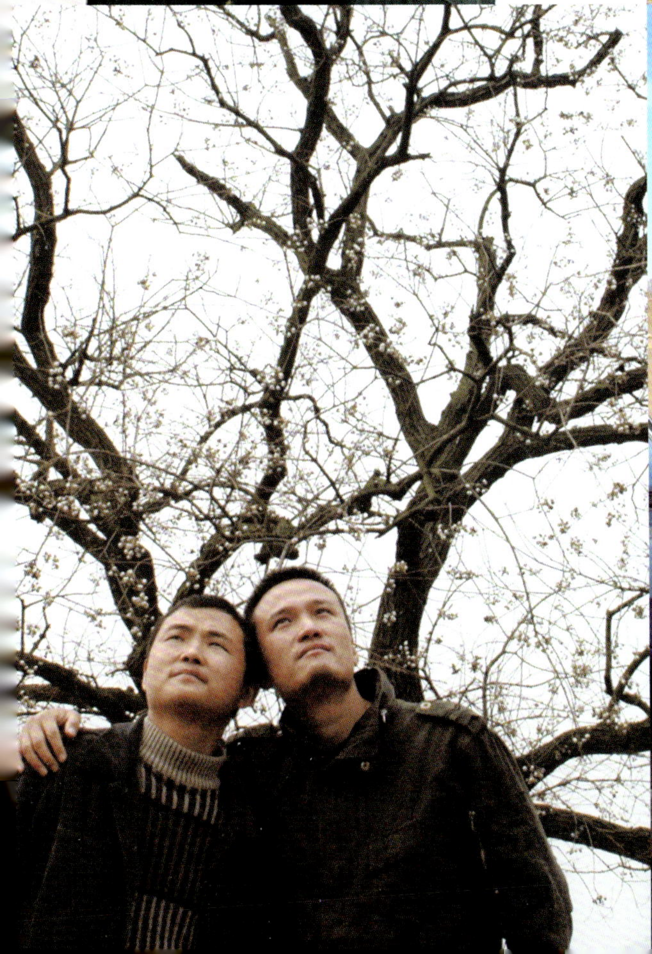

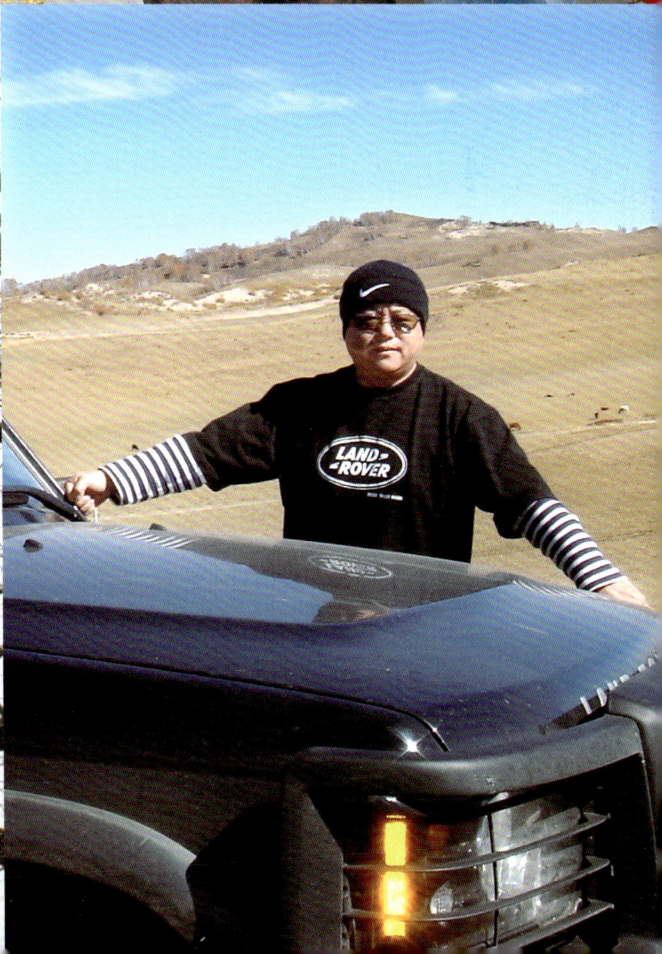
LAND ROVER

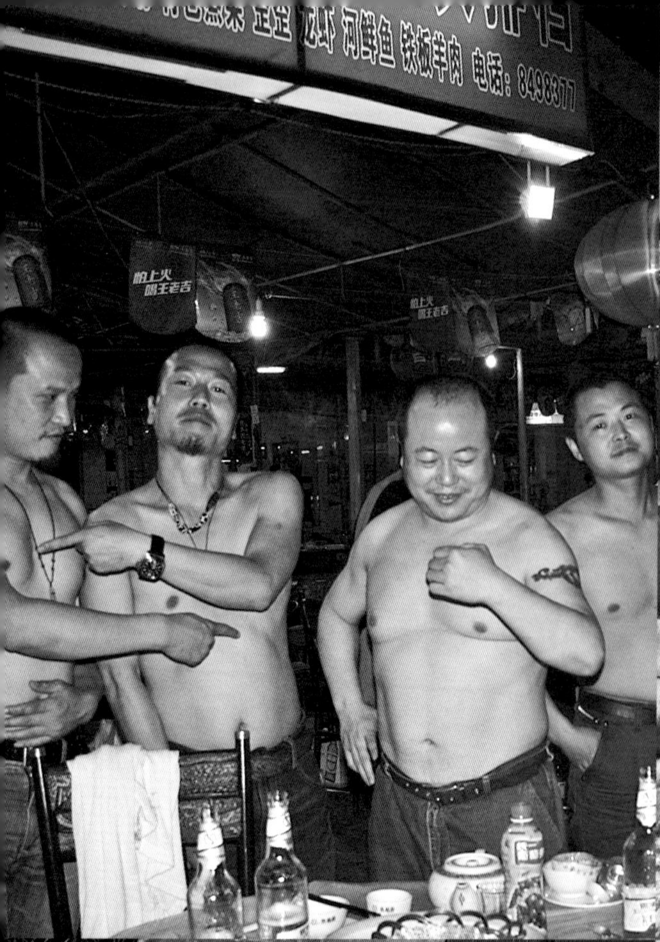
龙虾 河鲜鱼 铁板羊肉 电话：8498377
怕上火
喝王老吉
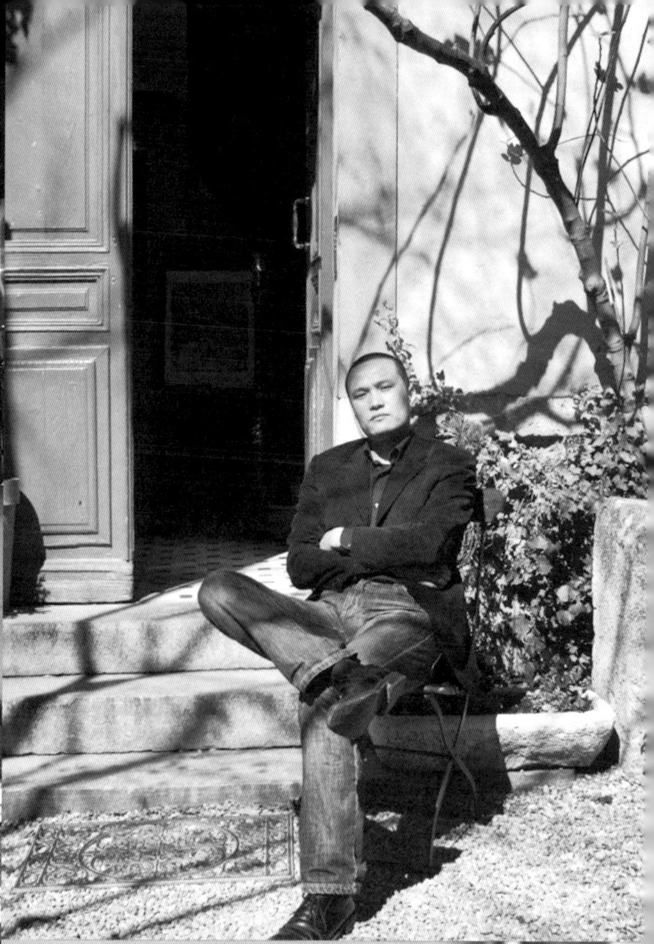
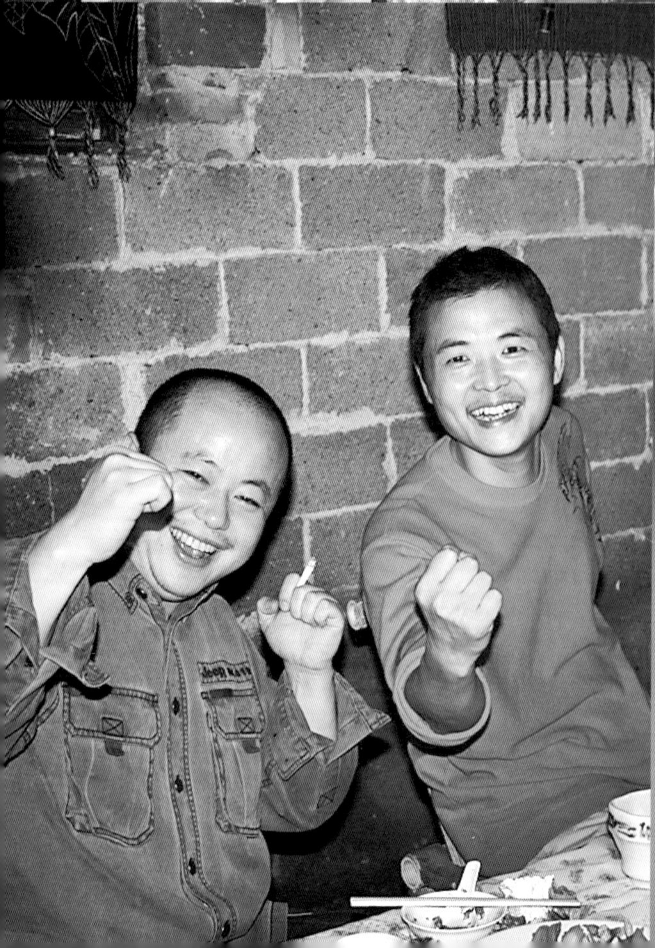
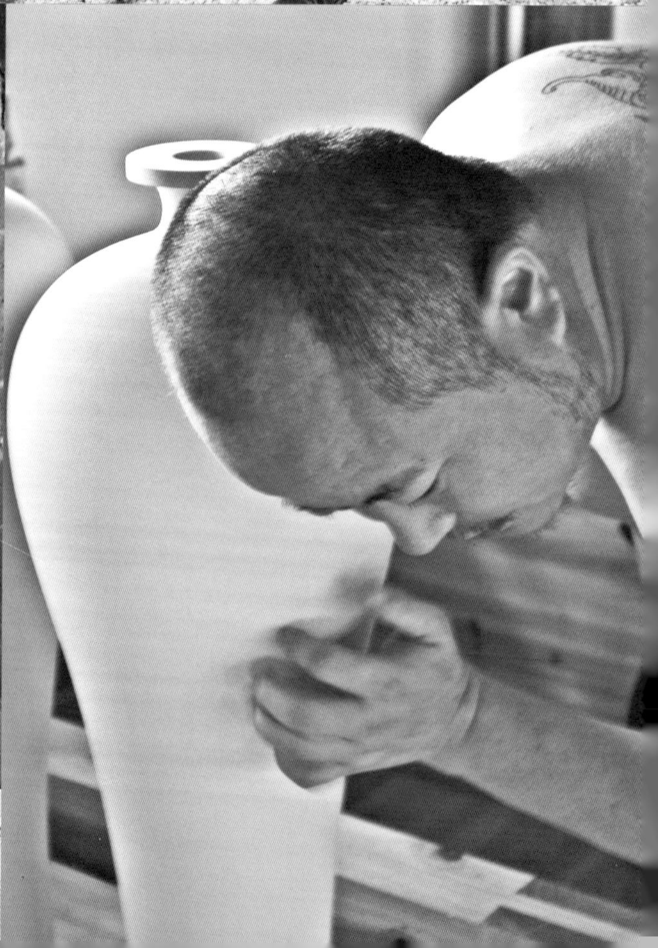

1	2
3	4

1、朱迪、老安、周墙、干道甫
   在景德镇大排档
2、朱迪在塞尚故居前
3、周墙、干道甫在景德镇
4、2005年周墙聆听坯胎的声音

1、朱迪与吉姆·雷迪
2、周墙在吹釉
3、朱迪在陈辉老师工作室

1
2
3

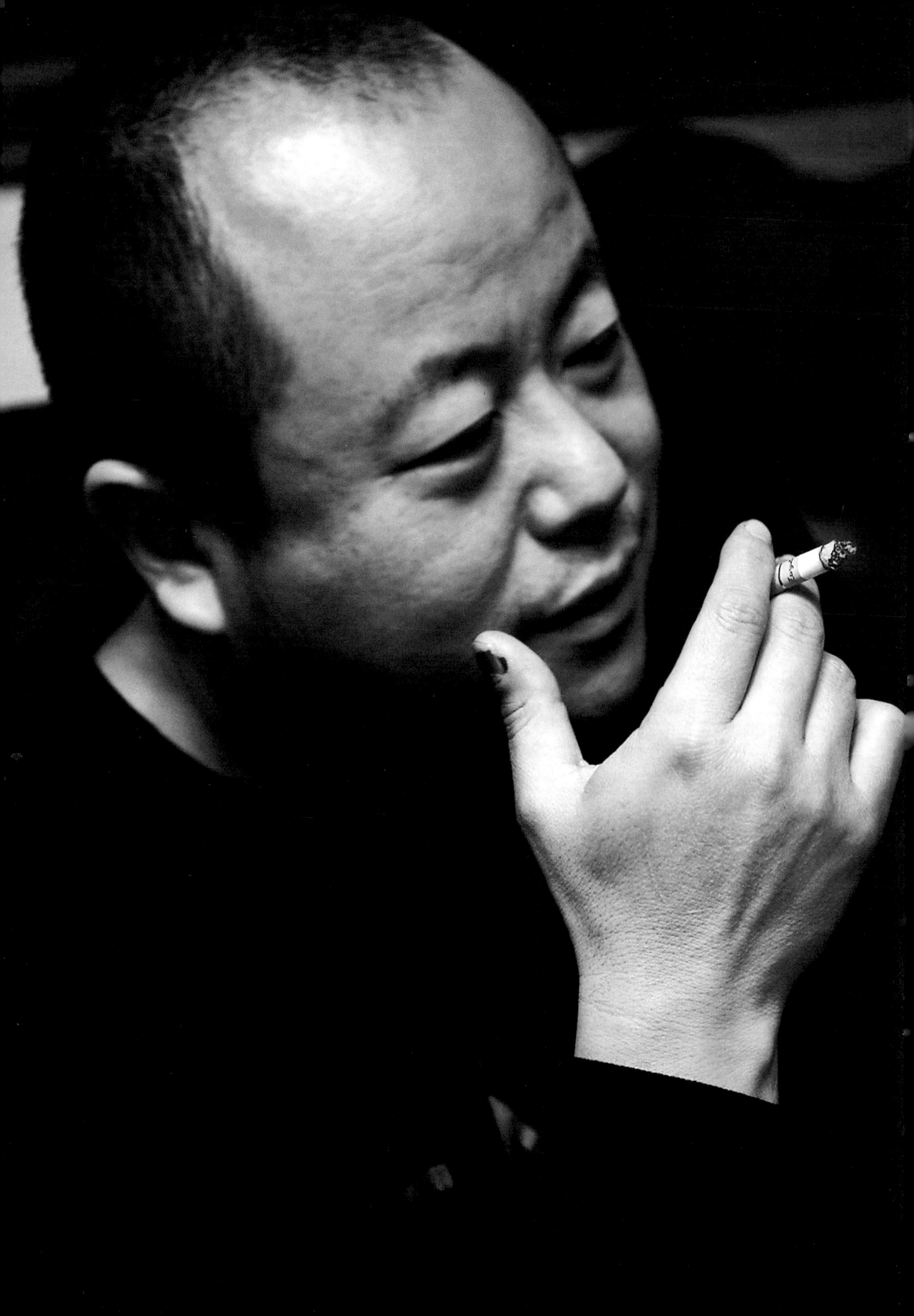

周 墙 Zhou Qiang

号归园主人。生长安徽，户籍上海，现居北京。著名诗人，艺术家，造园家。
中国当代陶艺馆馆长，景德镇青花瓷研修院名誉院长，云南大学艺术学院客座教授。

1983年发起"三人行"诗社
1996年出版诗集《只手之声》
2006年出版诗集《墙》
2000年在徽州营造中国近200年来最好的园林——归园
2003年营造新安山庄流水庭院
2005年发起组织中国首个当代陶艺家团体——冰蓝公社
2006年归园国际诗歌陶艺双年展
2006年开始拍纪录片《第三代诗人》
2007年在景德镇建立冰蓝公社LOFT创作展览基地
2008年开始创作行为陶《黄泥炮》
2008年参加上海艺术博览会陶艺展
2008年参加杭州当代陶艺展
2008年参加归园国际诗歌陶艺双年展
2008年参加克罗地亚国际陶艺邀请展
2009年参加首届北京798双年展
2010年参加归园国际诗歌陶艺双年展
2011年参加宁波博物馆现代陶艺展
2011年参加日本东京艺术大学国际陶艺展
2011年参加韩国平尺国际艺术展

受访媒体(择重要部分)
2006年《南方都市报》报道
2007年《城市地理》第二期城市艺术专栏
2008年 CCTV-2《财富故事会》电视专访
2009年 CCTV-4电视专访
2009年《美术天地》第二期观点发现专栏
2009年《财富圈》八月号专题
2009年 中国国际航空公司《中国之韵》总第14期
2009年《智族GQ》十二月号特辑
2010年《撒娇》第5期访谈
2011年《今天》春季号专辑
2011年《智族GQ》十二月号报道
2011年 香港卫视《神州穿梭》专访

收藏
作品被美国、英国、瑞典、日本、印尼、台湾、香港，以及国内机构、银行、酒店、藏家等收藏。

Zhou Qiang

He wrote under the pseudonym of "Guiyuan Zhuren" (Master of Guiyuan Garden).
Born in Anhui Province, residence in Shanghai, now lives in Beijing.
Famous poet, artist and garden architect.
Director of the Museum of Chinese Contemporary Ceramics.
Honorary President of Institute of Jingdezhen Blue and White Ceramics
Visiting Professor of Yunnan University.

1983 Sponsor of poetry society - "*Three People Walking*"
1996 Publication of poems collection *The Sound of A Hand*
2006 Publication of poems collection *The Wall*
2000 Built *Guiyuan Garden*, the best Chinese garden in recent 200 years in Huizhou
2003 Created Water Yard at Xin'an Country Villa, Huangshan
2005 Sponsor of Ice Blue Commune, the first contemporary pottery artist group in China
2006 Guiyuan Biennale International Poetry & Pottery Exhibition, Huangshan
2006 Starting to shoot the documentary *The Third Generation of Poets*
2007 Established Ice Blue LOFT, the commune's base for creation and exhibition, Jingdezhen
2008 Started to create the performing pottery art *Yellow Clay Gun*
2008 Shanghai Art Fair Ceramics Exhibition
2008 Hangzhou Contemporary Ceramic Art Exhibition
2008 Guiyuan Biennale International Poetry & Pottery Exhibition, Huangshan
2008 Invited as a foreign artist at Croatia Ceramics Art Exhibition
2009 1st Biennale 798 Exhibition
2010 Guiyuan Biennale International Poetry & Pottery Exhibition, Huangshan
2011 Ningbo Museum Contemporary Ceramic Art Exhibition
2011 International Ceramics Exhibition at Tokyo University of the Arts, Japan
2011 Pyeongchang Ze International Art Exhibition, Korea

Major Media Coverage
2006 *Southern Metropolis Daily*, November Issue
2007 *Global City Geography*, 2nd Issue, City Art Column
2008 CCTV-2, "*Wealth Stories*", feature interview
2009 CCTV-4, feature interview
2009 *Art World*, 2nd Issue, "*Finding Views*" Column
2009 *Wealth Circle of China*, August Issue
2009 *China Charm*, 14th Issue, inflight magazine of Air China
2009 *Wisdom Group GQ*, December Special Issue
2010 *Peevishness*, 5th Issue, feature interview
2011 *Today*, Spring Special Issue
2011 *Wisdom Group GQ*, December Special Issue
2011 Hong Kong Satellite TV, *China Shuttle*, feature interview

Collection Records
His artworks are collected by United States, United Kingdom, Sweden, Japan, Indonesia, Taiwan, and Hong Kong, as well as domestic institutions, banks, hotels, and collectors.

砸红　周墙　高温色釉　2005

坐·语 周墙 行为 2005

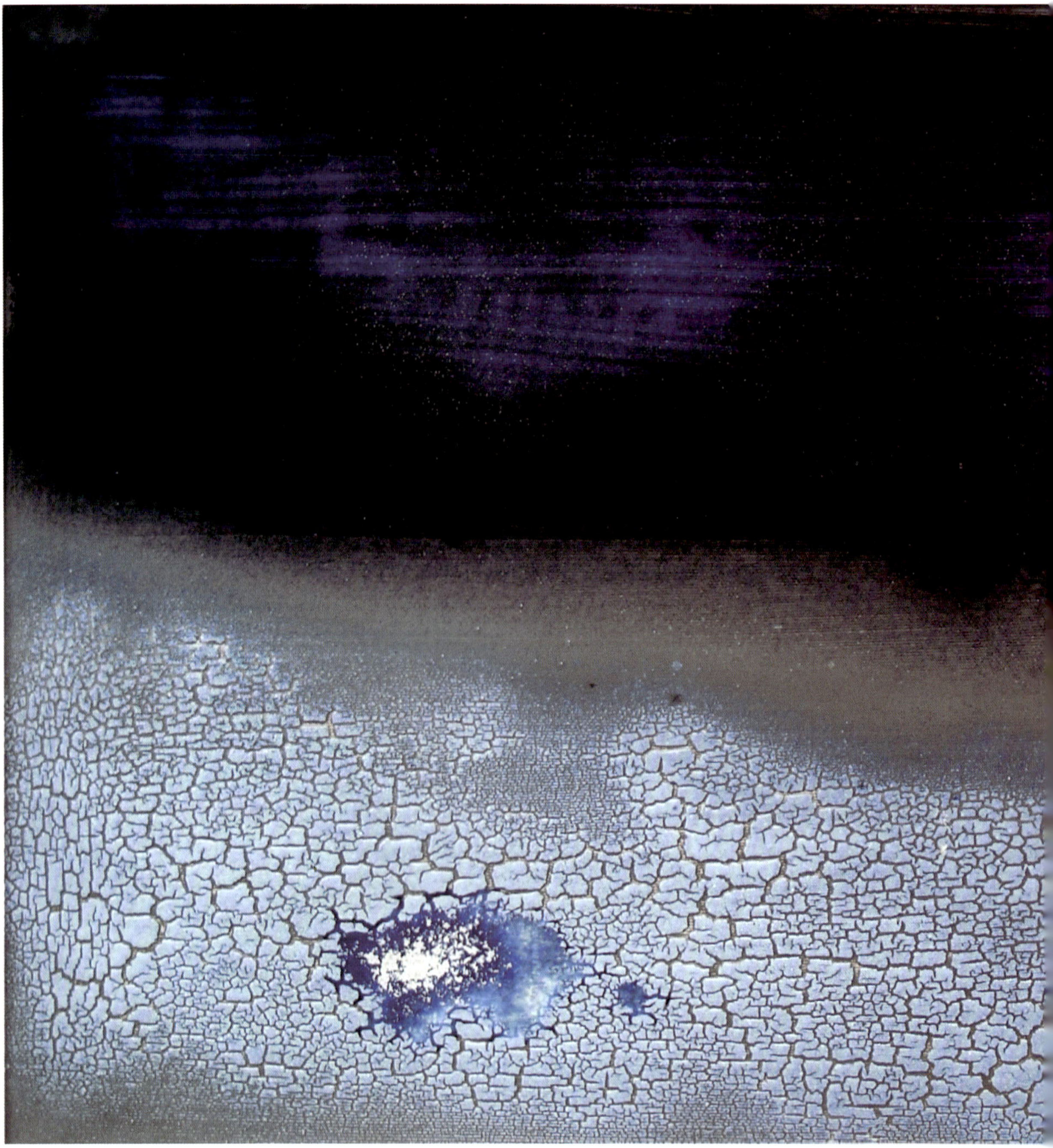

八十年代：阵亡的海鸟　周墙　高温色釉　2005

看官甲说：你想表现什么？

很丢人的是我无法回答这随意一问。现在，让我想想。

小时候我常常被单独反锁在家里。父母几乎天天晚上去学习或开批斗会，走之前生猛许愿糖呀果呀把我哄睡，然后留一盏十五瓦的灯光做保姆。其实他们刚走我便醒了，或者说根本是装睡，之后几个小时我的目光和灯光共同聚焦在糊满报纸的天花板上。看着看着我目光如刀，划开报纸，划开天花板和房顶，我要把桎梏我的物事都划成碎片，再吹口气让它们飘远，每次快成功时，窗外传来稀疏的脚步声，散会了。

近几年做梦，从未做过美梦，却也没有人在梦中追债。只是恶心，很恶心……我想十步杀一人，荒原上无人可杀，可我杀意已起，杀天，杀地，杀它个天昏地暗。十步杀一人，荒原上唯有一个人——我。我十步一杀，杀我……把天杀成碎片，把地杀成碎片，把我杀成碎片，杀的混混沌沌，一窍不通。

快活了我杀酒杀肉，杀哥们的时间和妹妹的容颜。转身杀工作，杀责任，杀意义。

快活了我就无聊，无聊时我最快活。

好比小时候的白天，我用泥巴做成各种手枪，举起枪，瞄准，没有目标。一次玩泥巴玩的性起，撒尿和泥，那天的枪做的特别好。至今，在工作室手触泥巴，我还有欲尿的感觉。

老鸭滩烧窑的小刘师傅说：周老师的作品莫名其妙。

小刘师傅看出来了，到底烧了十几年窑，是高人。连我都不明白，他却看出来了。

夜·灿烂　周墙　高温色釉　2005

2006

2006年12月12日周墙、李亚伟、徐敬亚在海南文昌海滩

看谁贼

1	2
3	4
5	6

1、美国著名艺术家吉姆·雷迪在景德镇看周墙诗集《只手之声》，他夫人看周墙
2、三个人
3、冬天的中午在前村老安家门口晒太阳
4、冰蓝朋友在老安前村一家茶室席地而坐大吹法螺
5、挪威姑娘在唱家乡的情歌
6、冰蓝公社的大排档

1、夏夜干道甫、周墙、朱迪干完活在大排档喝酒
2、景德镇老鸭滩周墙创作《砸红》之后阿干、老安、周墙
3、在阿干简陋的工作室吃一顿形而上的晚餐

$\dfrac{1}{\dfrac{2}{3}}$

1、周墙和阿干在老鸭滩算计泥板
2、周墙和阿干在景德镇郊一家苍蝇馆吃了至今我们认为最好吃的一顿。图为蒸子鸡还有二斤重的红烧王八
3、冰蓝公社和北欧陶艺家在阿干工作室小院里开趴踢

2006 Huangshan Biennial International Poetry & Pottery Exhibition
2006黄山诗歌·陶艺双年展

到会的诗人有徐敬亚、多多、严力、黄珂、李亚伟、默默、周墙、马松、赵野、野夫、海波、王琪博、吉木狼格、何小竹、陈朝华、李少君、潇潇、梅花落、潘维、丁翔、北魏、干道甫、祁国、王明韵、刘漫流、冰释之、郁郁、杨克、苑涛、曾宏等

1、2006黄山诗会场景
2、2006黄山诗会场景
3、2006黄山诗会场景
4、中国当代陶艺馆开馆
5、归园阳光里的导演诗人聂圣哲
6、诗会雅集
7、诗会雅集
8、诗会雅集

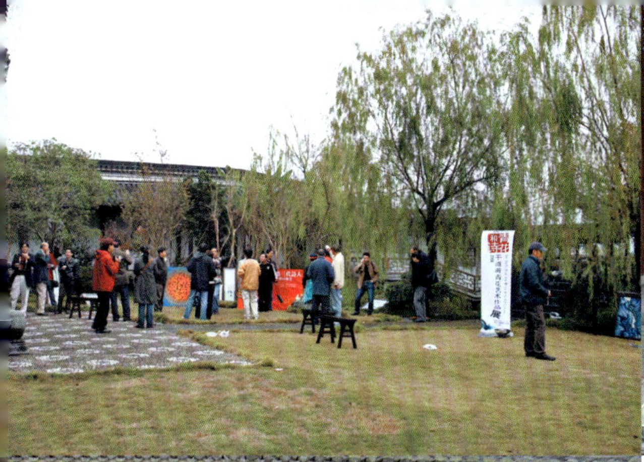
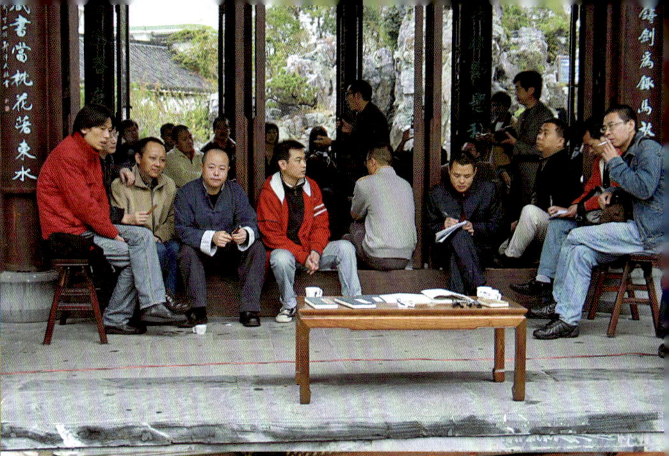
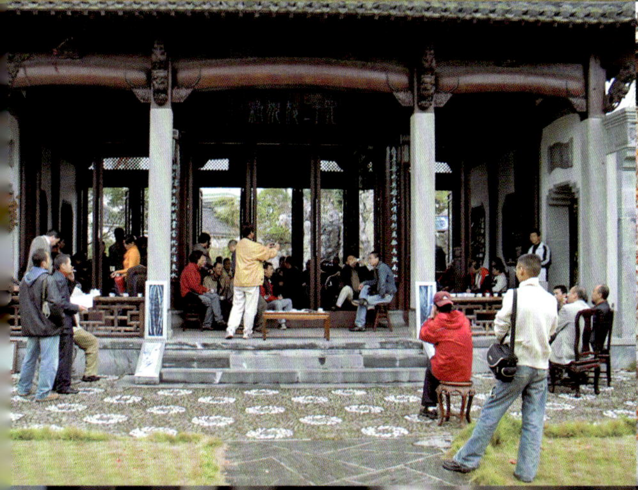
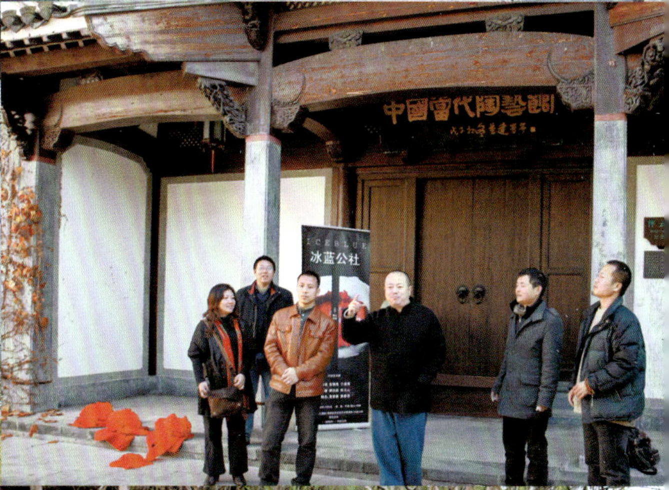
中國當代陶藝館
冰藍公社
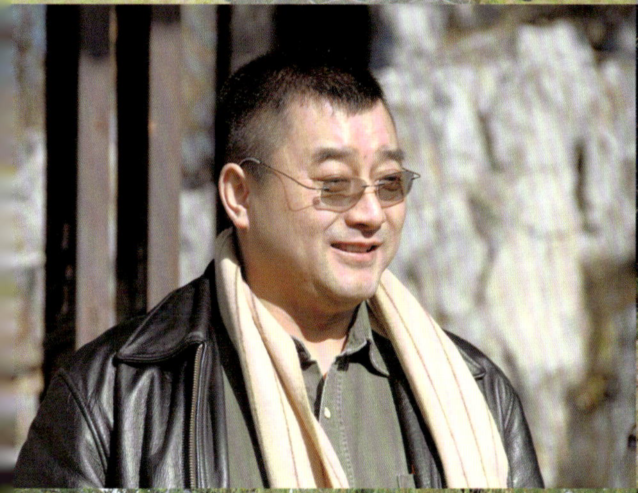
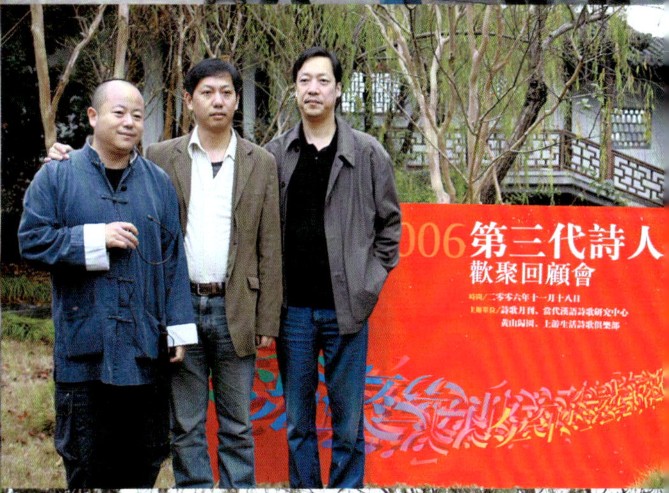
第三代詩人
歡聚回顧會
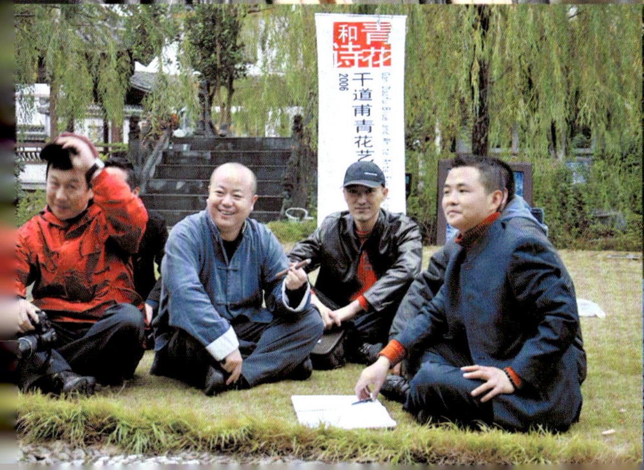
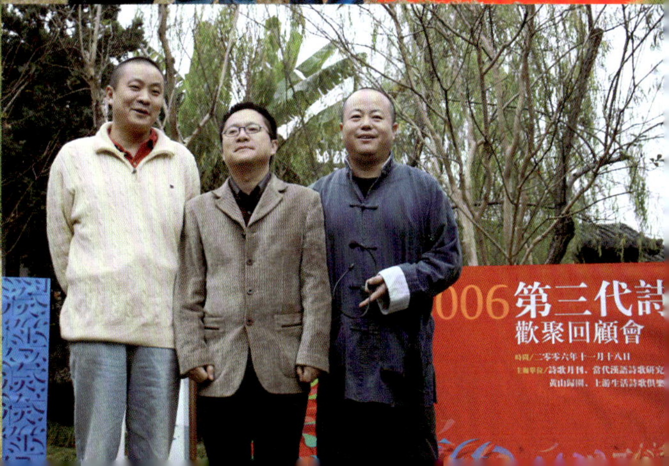
歡聚回顧會

全球化時代的
漢語詩歌創作
研習會
1986-2006 第三代詩人
歡聚回顧會

第三代诗歌20
1986-2006
年纪念

	1	
2	3	6
4	5	7

1、2006黄山诗会的海报
2、2006黄山诗会，诗人李少君主持
3、黄珂朗读诗歌
4、作家野夫和周墙
5、诗人陈朝华为宛涛颁奖
6、哥俩漫步归园
7、在景德镇和北欧陶艺家喝酒

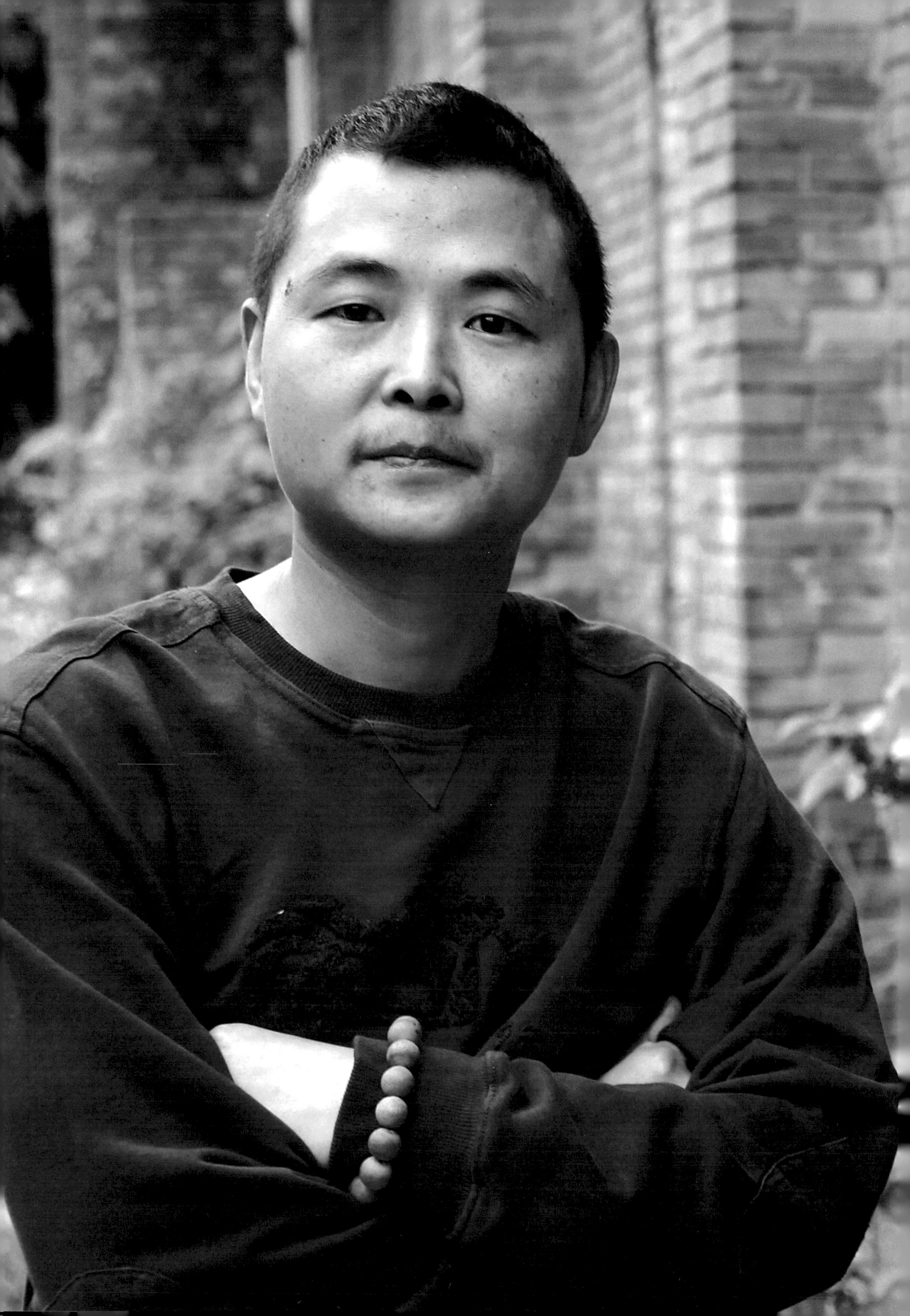

干道甫 Gan Daofu

安徽全椒人。中国当代陶艺家，画家，设计师。
景德镇陶瓷学院教师，景德镇青花瓷艺术研修院艺术总监
中国当代陶艺团体———冰蓝公社发起人之一

个展
1995年 "干道甫西北行写生展" 景德镇陶瓷学院美术系
1999年 "干道甫现代陶艺展" 北京太庙
2006年 "青花和诗————干道甫青花展" 黄山归园

获奖
2008年 上海艺术博览会"中国陶瓷–CHINA–CHINA" 金奖
2008年 江西省"华月杯"迎奥运陶艺大赛 铜奖
2008年 中国第二届新秀陶艺家作品双年展 优秀奖
2009年 杭州中国当代陶瓷艺术展 银奖
2011年 首届中国高岭国际陶瓷艺术大赛 最佳陶瓷装饰单项奖

参展
2007年 中国美术馆陶院师生陶瓷作品展（北京）
2007年 广东佛山国际陶艺展（佛山）
2007年 景德镇瓷博会当代国际陶艺展（景德镇）
2007年 上海艺博会"和悦瓷鸣"当代陶瓷作品提名展（上海）
2007年 五夷山国际陶艺创作交流展（五夷山）
2008年 广东石湾"三国演义———中日韩国际陶义"展（石湾）
2008年 上海艺术博览会"中国陶瓷–CHINA.CHINA"陶艺家提名展（上海）
2008年 整合——陶瓷艺术作品邀请展（成都）
2008年 中国当代陶瓷艺术展（杭州）
2009年 上海春季艺术沙龙展（上海）
2009年 中国当代陶瓷艺术展（杭州）
2009年 上海艺术博览会（上海）
2010年 上海春季艺术沙龙展（上海）

媒体
国内外重要的美术专著、画集、论集、图录、光盘、期刊、
报纸、电视台、网络等专栏介绍报道

收藏
作品被美国、荷兰、加拿大、挪威以及中国大陆和港、澳、台地区
社会名流、专家、学者、收藏家等收藏。

Gan Daofu

He was born in QuanJiao, Anhui Province.
He is a renowned ceramic artist, painter and designer in China.
He is a teacher of Jingdezhen Ceramic Institute.
He is the President of Jingdezhen Institute of Blue and White Porcelain.
He is one of the sponsors of Ice Blue Commune.

Solo Exhibitions
1995 *Gan Daofu Northwest Travel Painting Exhibition* at Art Gallery of Jingdezhen Ceramic Institute
1999 *Gan Daofu Contemporary Ceramic Art Exhibition* at the Imperial Ancestral Temple, Beijing
2006 *Gan Daofu Blue and White Arts Exhibition* at Guiyuan, Huangshan

Award
2008 Shanghai Art Expo, "CHINA-CHINA", Gold Prize
2008 *HuaYue* Cup Pottery Contest for Olympics Festivities, Bronze Award, Jiangxi Prov.
2008 2nd Biennial Exhibition of Chinese Emerging Ceramists, Excellency Award
2009 Contemporary Hangzhou Ceramic Art Exhibition, Silver Prize
2011 1st China Kaolin Grand Prix for International Ceramic Art, Best Ceramic Decoration Award

Exhibitions
2007 Ceramic Art Exhibition held by Jingdezhen Ceramic Institute at National Art Museum of China, Beijing
2007 Foshan International Ceramic Art Exhibition, Foshan, Guangdong
2007 Contemporary International Ceramic Art Exhibition, Jingdezhen Ceramic Expo
2007 Nominated Exhibition of Contemporary Ceramic Art, Shanghai Art Expo
2007 International Exhibition of Pottery Creation and Exchange at Mount. Wuyi
2008 International Exhibition of Pottery from China, Japan and Korea at Shiwan, Guangdong Prov.
2008 Jingdezhen Contemporary Ceramic Art Exhibition, Shanghai Art Expo
2008 Integration - Invitation Exhibition of Ceramic Art, Chengdu
2008 Chinese Contemporary Ceramic Art Exhibition, Hangzhou
2009 Shanghai Spring Art Salon, Shanghai
2009 Chinese Contemporary Ceramic Art Exhibition, Hangzhou
2009 Shanghai Art Expo, Shanghai
2010 Shanghai Spring Art Salon, Shanghai

Media Coverage
His ceramic artworks, paintings, and ceramic design were introduced in many important
domestic and international art books, albums, newspapers, TV programs.

Collection Records
Gan Daofu's works are collected by celebrities, experts, scholars and collectors from United States,
Holland, Canada, Norway, and China including Hong Kong, Macau and Taiwan.

紫玉青花—逆光　千道甫 2004

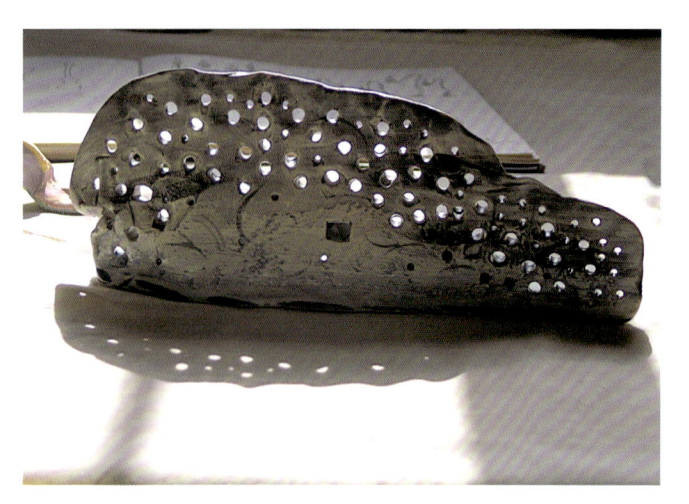

上下求索一　于道甫 2002

上下求索二　于道甫 2001

飘　千道甫 2004

青花和诗

2006干道甫青花艺术作品展

经过千年修炼的青花瓷，色清而雅。
我选择了青花，青花是不是也选中了我，不知道。

我的童年是在江南的牛背上度过的，晨露的清鲜，水稻的芬香，土地的酣醇，混合成自然之气，滋养了我的呼吸。
那时候，除了放牛，就是画画，用泥巴到处画。

大学毕业转了一圈后开始攻读文学硕士学位，研究的课题是"现代青花。"
自此，青花已构成我生命中的一部分，一只眼，一扇窗。

有人说：你来看此花时，则此花颜色一时明白起来，我想：从此我在花中。

———— 干道甫

青花
和诗
2006
干道甫青花艺术作品展
Gan Daofu Blue and White Arts Exhibition

干道甫：背负青天的鸟

文 / 周墙

将往事从记忆的箩筐里翻出来晒晒的确会尴尬，无限折腾的过去和无比闲散的当下形成完全不靠谱的对照。江湖浪里浪外许多年后我觉悟：光阴是用来虚度的。我们曾经是一群生猛的鱼，迟早会相忘于江湖。最终我们老的连太阳也晒不动，不能忘怀是一路走过沿途的好风景还有风景里的人物。

干道甫是其中的人物之一。

2004年夏，我在黄山黟县营造借以遁世的归园接近尾声，要去景德镇淘些适当的瓷器摆放在园子里。初去久仰久仰的景德镇，发现千年古镇早已演变成令我失望的城市，炎热里混杂脏乱。印象犹如北京宋庄画家脏乱的油画。向导是陶瓷学院副教授，一脸艺术符号的胡须如这个城市，大半天转悠在瓷山瓷海里，紊乱的色彩和单调的器形强奸我的眼睛。失望出离愤怒。直到在街角小二楼上遇到寥寥几笔青花落在一个洗手盆内，我的眼睛才歇息下来，我说：这个还行。教授不屑道：是我们学校学生画的。我坚持订了五个青花洗手盆用于归园，每个600元。当时那个学生就在旁边7个平方的斗室里，不知他是否听到我们的对话。

半年后我见到那个学生，原因特别偶然。祝文约他来共进午餐，落坐在我左手，副教授坐在右手。我才知道他叫干道甫，景德镇陶瓷学院在读研究生。

干道甫中等个头，看起来精瘦干练中透着质朴，娃娃脸上有一双总想寻求什么的眼睛。席间他和我聊尼采、沙特和他的老乡海子，我没有多说，这些都是80年代"文青"每天讨论争吵的话题，海子是我的朋友。我象征性应答他问我的和他想知道的。饭后干道甫请我去他那里喝茶，并大声打电话给安锐勇道：老安，赶紧过来，我遇到了高人。我知道自己不高且肥壮，听别人这样说心里倒也痒痒的快活。老安远远走过来，长发一颤一颤的。我告别副教授，此后虽无数次去景德镇却再也没见过他。

梦中蓝花　千道甫 青花瓷板 240X120cm 2005

干道甫没有我揣度的那么年少，他大学毕业后在北京工作六年终究割舍不掉对艺术的挚爱考研，师从陶瓷学院院长也是现代青花大师秦锡麟研习青花。干道甫说：继续经商没问题，如果不考研不搞艺术我会后悔的。

前村一幢农民新村的三楼上，是干道甫的住地，一张旧床，一块木板搭成桌子，几个高矮不一的板凳。物件少显出空间的大，空间里放置着干道甫的青花作品。我立刻被吸引，它们是区别于景德镇陶瓷的另类语言，用排笔滑刷出的青花在瓷器上充满激情和韵律。这些作品使原本简陋的空间奢侈起来，有四只修长的罐子尤其打眼，临行我叫祝文问价购买，干道甫二话不说把四只罐子抱到陆虎车的后备箱安放妥当，对我说：大哥，难得你喜欢，我送给你。

我实实在在被感动，惨淡经营20年从来都是我送东西给别人。

简单的感谢后我驱车离去，路上暗忖，这家伙有才气做人也大气，假与运气必成气候。此后，干道甫成了我的兄弟。他叫我大哥，我叫他阿干。

人生伴随着许多偶然，或者说这些偶然可以修改人生。2000年我放弃经营云游到黄山黟县，雨后下午江南可人的山水令我心生欢喜决定在此营造归园。

2004年在景德镇遇见阿干，随后结识来自山东的老安和来自威尼斯的朱迪，景德镇走入我的生活，我们像认识了几百年的兄弟前世约定今生聚会昌江岸边。依旧脏乱的城市因为他们的存在我开始重新解读，慢慢感觉到它的市井之美，景德镇在我心里逐渐幻化成形而上的蝴蝶。

那年干道甫会时不时的发短信给我，既是提醒我景德镇的存在，似乎也想考量我(后来他承认确有此意)。一次他发了个上联：约知己，泡野茶，坐僻谷，看红烛流泪，听溪水禅声，说人鬼贤话。当时我正在上海去黄山归园车上，看到后旋即回复下联：寻兄弟，游归园，喝老酒，观昆曲绕梁，聆彩云追月，醉今身来世。又一次午夜估计他百无聊赖发来上联：读好书，书好读，喝好茶，茶好喝，交好友，友好交，画画好，画好画，做好爱，爱好做。哈，又来了，我立刻回下联：行难路，路难行，醉难酒，酒难醉，做难人，人难做，事事难，事难事，受难日，日难受。从此,他再也没发过类似信息。从此，我越发成为他的大哥了。

自家兄弟在的地方自是我常去的地方，况且每次去干道甫的青花都会带给我惊喜。

2005年他进入创作高峰期，是毕业创作的动力，也是而立之后的压力。干到甫像个战士疯狂的攻击对手，而他的对手就是青花。

传统青花给人的印象无非山水人物花鸟虫鱼，五十年代景德镇青花大师王步在深厚传统功底上借鉴水墨画特点，在青花装饰上开创新的艺术表现手法，他的青花分水变幻莫测。到了干道甫手上青花完全跳出传统匠作的工艺，他彻底抛弃实用和装饰，忘记具体形象，恣意妄为的用青花料在泥坯上宣泄情绪，这情绪不是过去，不是未来，只是当下他欲罢不能的时间。干道甫这个时期的青花里，能看到朱德群、赵无级他们把传统揉碎之后再重建精神传递，那些飘逸灵动的青，跌宕起伏的蓝，还有梦境中的宁静和裂变。战士手中什么都可以充当武器，在这场和青花的战斗里，干道甫不拘泥传统的工具，毛笔、排笔、刀具、竹片、海绵、抹布——凡是他能抓到的东西皆可成为他的工具，情急时直接上手肉搏。这场战斗没有胜负，结果青花包容了干道甫的放肆，干道甫收获了当代青花艺术。我开始渐渐喜欢景德镇，并从旁观到参与，似乎找到孩时便溺和泥的快感，特别是去过三宝之后。

春天下午我和干道甫、老安、朱迪踏青到三宝山谷深处，那里溪水欢腾，山花烂漫，完全世外小桃园的情景。印象最深是水边绿叶素容迎风袅娜的十里香，旁若无人，独自芬芳。干道甫在山谷里收购村里废弃的窑场，希望在这建筑他梦里的青花山庄。

晚上，大酒后。我们四个清谈中国当代陶艺现状颇感忧虑。并决定效仿当代陶艺先驱八木一夫、铃木治的走泥社，在景德镇成立中国第一个当代陶艺团体——冰蓝公社，以板块的力量冲击陈腐的陶瓷语言，建构新的陶艺空间。后来陆续加入冰蓝公社的有西安的杨志，昆明的吴白雨和日本东京艺术大学归国博士刘晓玉。

2006年干道甫研究生毕业后留校任教。

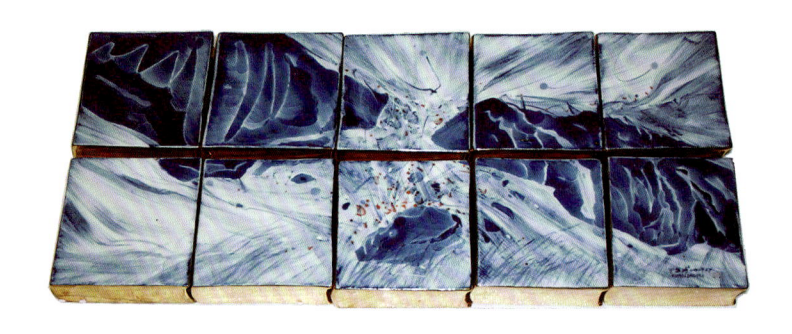

青花史书　干道甫　2006

秋天在被罗哲文称为"近200年来最好的私家园林——归园"举办了他的第一次个展，展览中干道甫的青花或倚山靠树，或置于瀑布下，或沉在清水塘中，或闲放于亭台楼阁，史上没有人做过这样的展览。前来捧场的五十多位名满江湖的诗人，其中有徐敬亚、多多、李亚伟、默默、周墙、马松、赵野、野夫、王琪博、吉木狼格、何小竹、老丁、北魏等。

当年他娶了美丽贤淑的妻子笑寒。

这是干道甫人生极为重要的一年，从漂泊的艺术浪子到安定工作家庭，次年他有了女儿，做了父亲。

干道甫是我见过最勤奋的艺术家。他时常几天几夜在简陋的老鸭滩工作室守着窑火创作，多产和勤奋对那些不愿重复自己的艺术家是痛苦。一段时间他陷入创作低谷，作品出来别人不褒贬，自己不满意。那时干道甫的青花在上海、北京已打开市场，有追随的藏家，父母也接到景德镇来被前后孝敬，当初的梦想青花山庄已在建造中，他创新的焦虑和幸福感一起增加。我夜半的思绪常常被自困在老鸭滩的干道甫打断，好像隔空看见初遇到他时那双总想寻求什么的眼睛。

我和干道甫三更半夜有过无数次信息和通话，不乏精彩，可惜都遗失了。记得我说过：青花是在少女的皮肤上刺青，温润可人。还说：青花之妙在于莫名其妙，这些他都理会了。令我感慨的是他把我当时开的处方：日读坛经一则，月读庄子一篇，或可治愈灵感缺失症。至今存在手机里。他所不知那是1991年我结婚生女事业小成后被幸福打倒的诗人焦虑之余自我疗伤的方法。

终于有一天我在他工作室里发现新出窑的一对青花方器。温暖的青花游弋在雪白的瓷胎上，如青衣曼妙飞舞的水袖，曲终人散意犹未尽。我知道他走出来了。我想象他创作时干净流畅的笔触和物我两忘的境界，初为人父的干道甫，青花里多了份淡泊、温暖和控制。据说他是从随口吐出顷刻散去的青烟中顿悟的。

2008年干道甫创作三十平方米的具有里程碑意义的大型壁画《飘蓝》，冷静中不乏热烈，飘逸里充满张力。被一家五星极宾馆收藏并装置于酒店大堂。

如今在三宝的山谷里，近千平米的青花山庄工作室已落成，作为年轻艺术家的干道甫取得了不俗的成绩，他无须再去老鸭滩睡沙发吃泡面。条件改变却勤奋依旧，他说：在青花山庄可以随时进入工作状态，夜深人静时独立思考。他的近作《雪域系列》便是他西藏写生回来思考的结果。干道甫首创用青花描述雪域高原的纯净和神圣，他表现的高山流云让观者定睛之后恍若置身其中。

干道甫青花与诗首展于归园

　　上个月夜宿青花山庄，干道甫说他要写本书，书名是《八大的老师》。接着他把收集多年历代青花瓷片成列开来，我会心一笑，原来八大山人的笔意从民间青花里也汲取养分的。再观干道甫近作勾、皴、点、染，他已将国画的技法和心得融入青花创作。我明白他亦步亦趋的回归是向古人致敬，不久便会大踏步的前进。

　　当代青花艺术的高峰没有人能断言干道甫可以攀援到达的位置，但我们看出他已然走在了另辟蹊径的路上，这是条苍茫之路，无人同行，走上去唯独依赖勤奋智慧和运气。

　　作为大哥，我所能做的是近期兑现我两个拖延许久的承诺：营造青花山庄的庭院和在某个月明风清之夜同去黄山顶上听松。

辛卯仲秋于北京不敢书屋

2007

鸟 鸣 涧

王 维

人闲桂花落，
夜静春山空。
月出惊山鸟，
时鸣春涧中。

安锐勇、周墙、干道甫山中修禅

法国著名雕塑 SAUL Mr.

1	2
3	4
5	6

1、干道甫在武夷山
2、周墙、干道甫、老安、胡子在上海艺博会参展之余
3、干道甫与安田猛在武夷山
4、周墙、干道甫、老安、胡子在上海艺博会参展之余
5、老安、周墙、干道甫在上海
6、周墙、干道甫在上海

南方周末著名记者、摄影家诗人王寅来景德镇采访周墙，在鄱阳湖旁。
左起崔劲松、周墙、老安、王寅

2007年周墙的陶瓷生活

2007年夏一干诗人张小波、王琪博、周墙、马松在归园斗地主

打人夯，阿干、张伟、朱迪、阿妙

老安和朱迪在景德镇

在生日上

干道甫和朱迪似有"断袖"之嫌

阿干、周墙——"竹林二贤"

干道甫和周墙在景德镇古窑

074 | 冰蓝公社 ICEBLUE ART 2007

冰蓝行为艺术之指向

冰蓝公社行为陶艺《黄泥炮》

黄泥炮：我们的态度　周墙　高温色釉　2007

诗人、艺术家默默（撒娇）对周墙的访谈录

撒娇：作为一个划时代的陶艺革命家，你认为中国陶瓷艺术的应该如何发展？

周墙：作为陶艺革命家早在六十年前日本的八木一夫就行动了，更早的还有杜尚和他的小便器——《泉》，这都没能触及中国陶艺匠作的小辫子。革命家大多遭遇堂吉诃德式的英勇无奈，我更愿意做中国的侠客，"十步杀一人，千里不留行。事了拂衣去，深藏身与名。"挥刀直指中国陶艺的小辫子，喝道：留辫不留头，留头不留辫。

中国陶艺要挖掘泥土的语言张力，并非在坛坛罐罐写字画画。艺术家应纯粹的表现精神冲动，展现泥土经过水火洗礼的自身之美。当代陶艺应是当代艺术的一个截面，泥土只是艺术家表现的媒材，冰蓝公社成员的"行为陶艺"、"新媒体陶艺"、"解构陶艺"等，为当代陶艺发展作了方向性探索。

撒娇：你是非常著名的国际哈雷俱乐部成员，你开哈雷的时候喜欢开多少码的速度？

周墙：是的，我是中国最早的国际哈雷俱乐部成员，玩哈雷是一种态度，像古之豪侠喜欢汗血宝马。当我骑上哈雷，享受它大功率马达的轰鸣咆哮，我了解它急切上路的心情，这时候是轻松溜达，还是策马狂奔都不重要了。

撒娇：你在"2008杭州嘉宝秋季当代陶艺专场拍卖"上一拍惊人，请问你创作的《我！切！切！切！》最初艺术构想是什么？

周墙：哈，其实并非什么"一拍惊人"，只是在第一次卖自己就卖了好价钱，十六万对于我钟爱的《我！切！切！切!》并不算什么，当晚被李亚伟、赵野及冰蓝公社的兄弟宰几千元喝酒。

"我怎能在别人的苦难面前转过脸去。"切如是说。我创作《我，切！切！切》时满脑子都是这句话。我采用了独特的创作形式，反复弄釉，多次煅烧，我把我的头像和切的头像撕开再拼贴，我让我的灵魂靠近切的灵魂，再一起走进火里。谨以此作纪念切·格瓦拉诞辰八十周年。

撒娇：你渴望永恒吗？你能不能爱上一个女左撇子十天？并让她在秋天为你不幸难产而难受十天？

周墙：永恒是扯淡，把每天当最后一天活好。如不小心爱上左撇子或右撇子，即使爱一夜也别让人难受。

撒娇：哪本书对你一生影响最大？

周墙：《水浒》

撒娇：你从河里救起一只红狐狸，你爱上它，想和它结婚，我们反对，你怎么办？

周墙：聊斋？我喜欢。当初营造"归园"很大程度因为痴迷《聊斋》，我常索居在"烦了斋"，那是归园里一所精致的小院。夜，偌大的归园唯有我，等待狐仙的降临。果真一天她来了，你们的反对算鸡巴毛。

撒娇：你最喜欢什么颜色？

周墙：每个时期喜欢不同的颜色，就像每个年代喜欢不同的歌。我现在喜欢黑色。

撒娇：你第一次听邓丽君歌是那一年？你现在还喜欢听？

周墙：1979年从敌台（台湾电台）偷听邓丽君，听着听着遗精了，那是我第一次听邓丽君，也是第一次遗精。第二个问题还用回答吗？

撒娇：请谈谈你对唐伯虎与梵高的看法？

周墙：没看法，唐伯虎是快乐的傻逼，梵高是痛苦的傻逼，我努力做快乐的傻逼。

撒娇：地球上的石油大概还能供我们人类使用多少年？

周墙：管他妈使用多少年。最好明天没有石油，全世界人民安步当车，或许再出个孔子、苏格拉底，谁知道？

撒娇：你最喜欢什么菜肴？

周墙：我妈做的任何饭菜。

撒娇：你拥有的归园是中国最好私家园林，请问你当初营造的最初目的是什么？

周墙：请去归园看《归园记》，或上我的博客浏览归园和《归园记》。

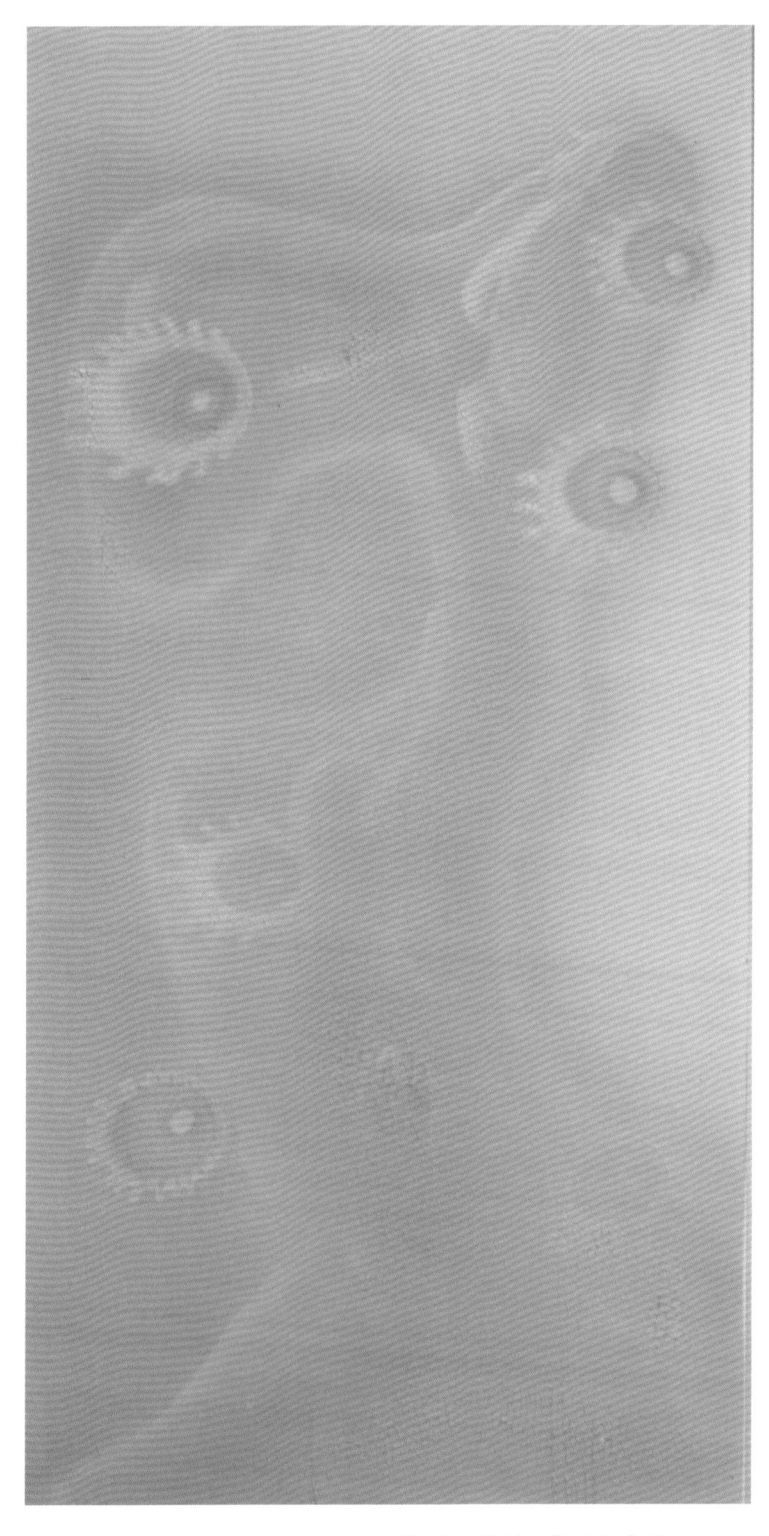

浅睡　周墙　高温颜色釉　2007

是的,当我从千百种釉料里选配了这几种,那时就决定了创作的背景情绪。
我小心翼翼的保护这情绪，我知道它和泥、釉、水、火交融的力量。还需要催化剂——酒。
每次干活前必定和景德镇的兄弟们大喝一场，或二人对酌，接下直来奔老鸭滩工作室，
把快要胀破身体的情绪尽数发泄在泥坯上。
周墙陶艺的第一把火是酒，在心窑里烧过，于是切断了和其他陶艺的可比性。
二次窑变后，面对作品三伏天我起了一身鸡皮疙瘩，无所适从这神赐的礼物。
此时，子夜，我内心充满感激。 ——周墙

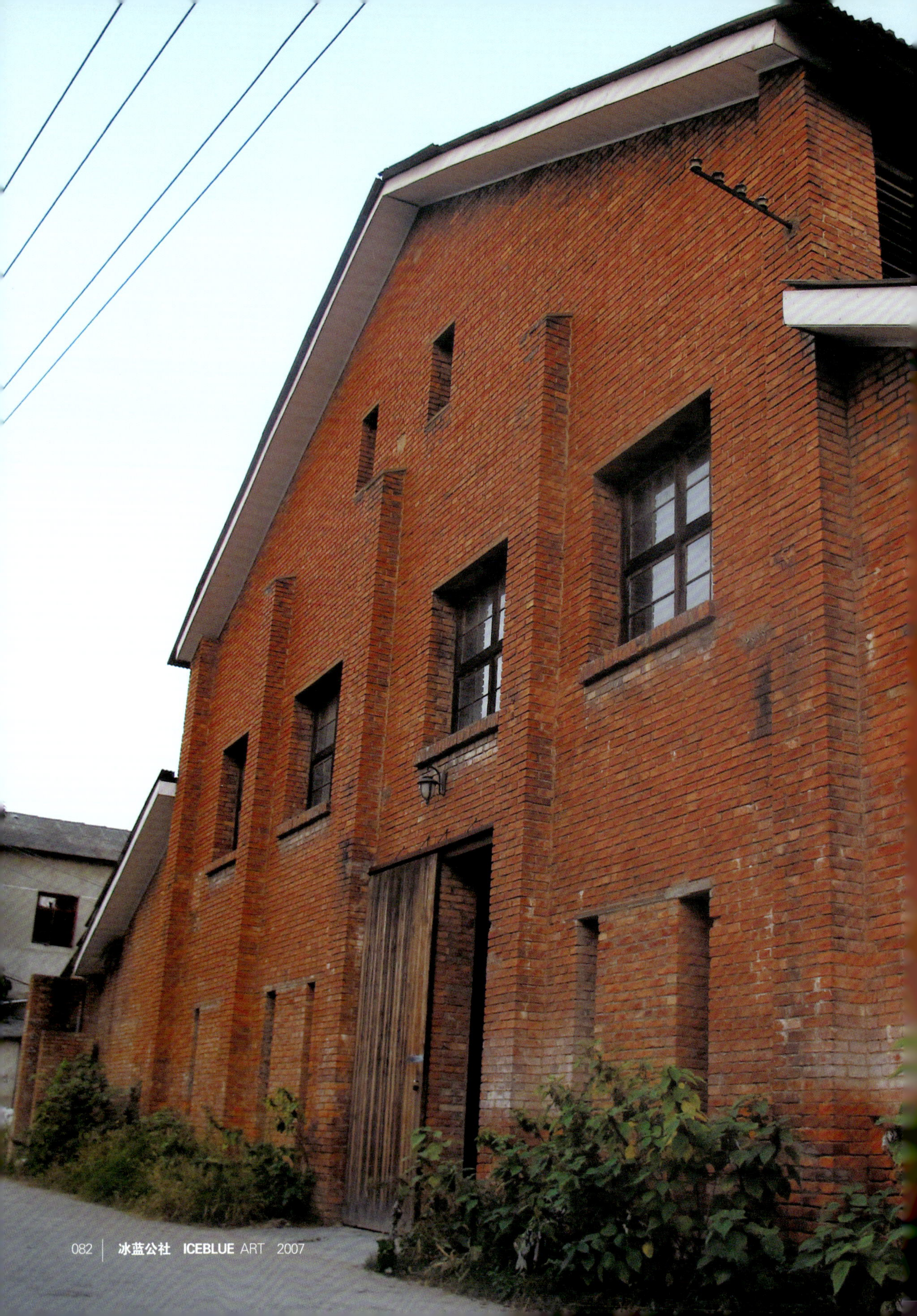

营建冰蓝公社LOFT

老安、周墙、干道甫在冰蓝公社LOFT改建现场

084 | 冰蓝公社 **ICEBLUE** ART 2007

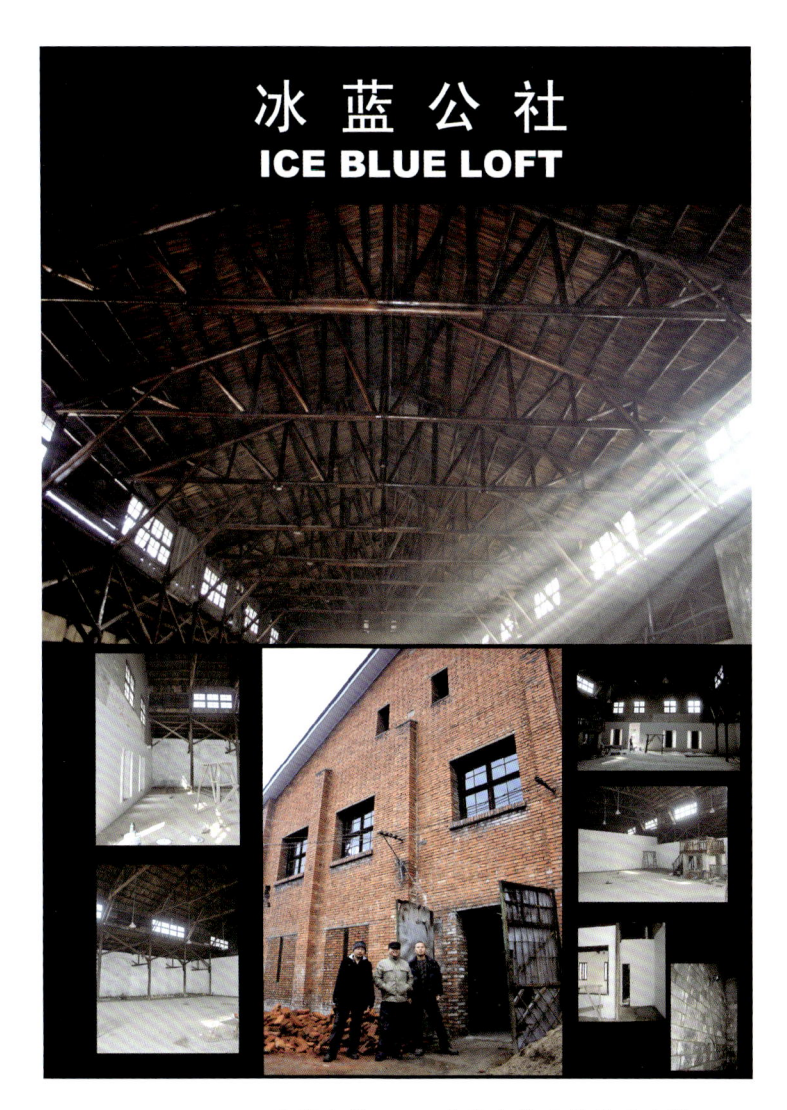

冰蓝公社LOFT改建完成后所作的海报 2007

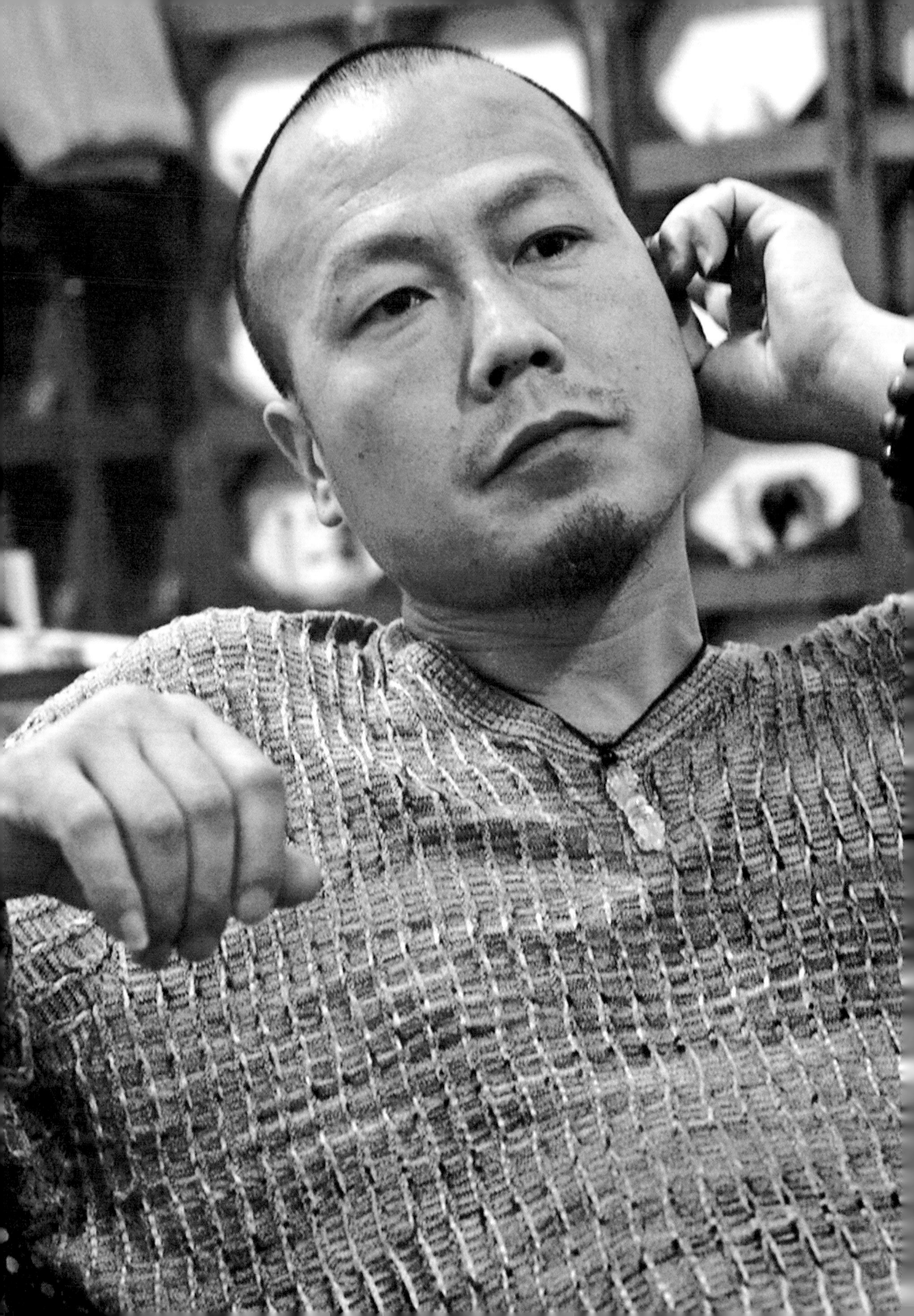

安锐勇 An Ruiyong

自由艺术家 佛门居士
中国当代首个陶艺团体冰蓝公社发起人之一，非有想主义发起人。
曾执教于景德镇职工大学。多年参学佛学及佛教艺术。2007年起首次发表作品并参加展览。

2007 作品《印象山水之一》获上海艺术博览会当代艺术家提名展（金奖）
2008 作品《非有想系列—荷塘印象》获第十一届中国当代陶瓷艺术展（金奖）
     作品《非有想系列—荷塘印象》参加佳宝秋季专场拍卖并被收藏
2009《色墨之非》获第十二届中国当代陶瓷艺术展（金奖）
     作品《非有想系列——飞天印象》、《非有想系列——色墨之非》参加佳宝秋季拍卖并被收藏。
2011 作品《非有想系列》被宁波博物馆收藏。

An Ruiyong
Artist, Buddhist

One of the sponsors of Ice Blue Commune, the first contemporary pottery artist group in China
Sponsor of Daydream Series.
Taught at Jingdezhen Staff University.
Studying Buddhism arts for many years.
Published works and participated in exhibitions since 2007.

2007 Artwork *Impression of Landscapes I*, won Gold Award in
     Nominating Exhibition of Contemporary Artists, Shanghai Art Expo.
2008 Artwork *Daydream Series - Impressions of Lotus Pond* won Gold Award in
     11th Chinese Contemporary Ceramic Art Exhibition.
     Artwork *Daydream Series - Impressions of Lotus Pond* attended the autumnal special
     auction of Jiabao and was collected.
2009 Artwork *Non-colour and Ink* won Gold Award
     in the 12th Chinese Contemporary Ceramic Art Exhibition.
     Artworks were included into the Pottery Appreciation.
     Artwork *Daydream Series - Flight Impressions* and *Daydream Series - Non-colour and Ink*
     attended the autumnal special auction of Jiabao and was collected.
2011 Artwork *Daydream Series* was collected by Ningbo Museum.

老安——蜕壳的禅

文/周墙

如今老安十步之内自然有禅定气象。不止他的光头、他的平淡和他的作品。那种由内而外散发的气，如良庖的锅气和刺客的杀气，都是要命的。你能想象我们刚认识时他一脸山东人的良善混搭约束成马尾的长发是什么样吗？

那是2005年夏日午后，老安典型的"流浪艺术家"范，像北京宋庄到处会碰到的。聊天后知道他全名叫安锐勇，威海人氏，我与威海颇有缘分，彼此话题熟络起来。我不客气的嘲讽伪艺术家的长乱的发、须、毛。（头上为发、口边为须，脐下是毛。）老安笑笑并不言语。再见他已是光头，成了皈依佛门的居士。

后来我得闲便去景德镇，干道甫总会叫上老安、朱迪伴我一起喝酒吹牛，再后来我提议成立冰蓝公社，大伙附议这事就成了，我们是冰蓝四大长老，有点背经离道邪教的意思。景德镇时间走的很慢，里面蕴藏不着边际的快乐。太阳好的下午我们去三宝往里陌生的山谷探幽，在溪流边和十里香的风气中打坐，傍晚回前村老安家集体动手包素菜饺子。至今老安家的素饺仍是冰蓝公社待己待客的保留项目。

老安好茶，家里常备各种茶叶。下午恹恹的无心干活，去他那儿喝茶，他话少，默默地沏茶，我默默地喝，换茶再沏，再喝。有段日子我租的工作室也在前村他家隔壁楼，秋冬时节我俩把椅子搬到外面，太阳下一壶茶，静静的坐着喝着，把人生都喝淡了。

宗教的初级阶段是迷信，高级阶段是信仰。

老安家三楼曾是佛堂，光线暗淡处供着佛龛，他每天对佛龛磕长头，全身匍匐的那种。每天上百个头磕下来需要极大的体力和毅力。那时他家常来善男信女，记得2008年春他家遇到一装逼的台湾小和尚，开小灶坐等饭来，且有几个迷信女人嬉笑伴餐。我有意逗他玩，问："如何看待星云法师？"小和尚面露不屑道："我们是有区别的。"又问："佛有区别吗？"小和尚囧。再问："佛性有区别吗？"小和尚大囧。追问："南无阿弥陀佛是何意思？"小和尚抢答："当然是，南边没有菩萨喽。"我不敢问了，现在想死的心都有，再问下去我必死——笑死；菩萨也会死——气死。望着窘困的台湾小和尚，我哈，就你这点修为敢来大陆挑荤拣素，愚弄百姓也还差点。我批评老安何以供养此等来历不明的伪僧人，老安答的好："不看僧面看佛面吧。"其实，佛面不看也罢，如此败类佛何面之有？

信佛以来老安每年出门远游，经过一些名山古寺高僧大德后他的精气神充足，如渐悟出土的蝉，夜里悄悄爬上树梢，蜕掉表象的壳，亮出美丽的双翼和声音。他对佛的感情甚至超越信仰成为生命的部分。升华后流出来成就他渗透宗教气息的当代陶艺作品《非有想》系列。

老安每件作品都是深思的结果，想好后出手却快，釉子被他分轻重缓急的被安排到泥坯上。每次满窑他的作品都让我们期待，过几天出窑稍有瑕疵或砸碎或弃之角落，因此他作品留存极少。象马松的诗，但凡拿出示人的都是好诗。即便在被画廊包圆的现在，他的作品依旧老生如叹，缓缓出场。

　　参禅、品茗是老安生活不可缺少的，比柴、米、油、盐还重要。茶是生活中的俗事之美，禅是生活中玄妙之美。茶品味眼前，禅传达意境。茶可以雅至天高云淡，禅可以俗到诃佛骂祖。故禅茶一味是大道理啊。老安有慧根，我不敢说他了悟禅茶，至少在日益精进的途中。好比西天取经，注定还会遇见魔障，只要坚持信心，一路走下去必将接近妙不可言的境界。那时他或许创作出《非无想》、《非非想》系列陶艺也未尝可知。

　　写至此我想到老安一件尚未命名的作品，六条屏组成的画面，色釉煅烧出大块正红。最初远看非常红，红的非常宁静，当我惊奇欲走近触摸却发现越近红色越淡，走到跟前伸手时红已经没了，我看到只是泥的本色。

冷静的红　安锐勇　高温色釉　2007

色墨之非　安锐勇

色：指色彩；

含义：佛家指有形的物质世界。

墨：本意墨色。

色墨之非：指佛家中道之说。

艺术家想要表达思想是：非表面的而是物质内在的本身。

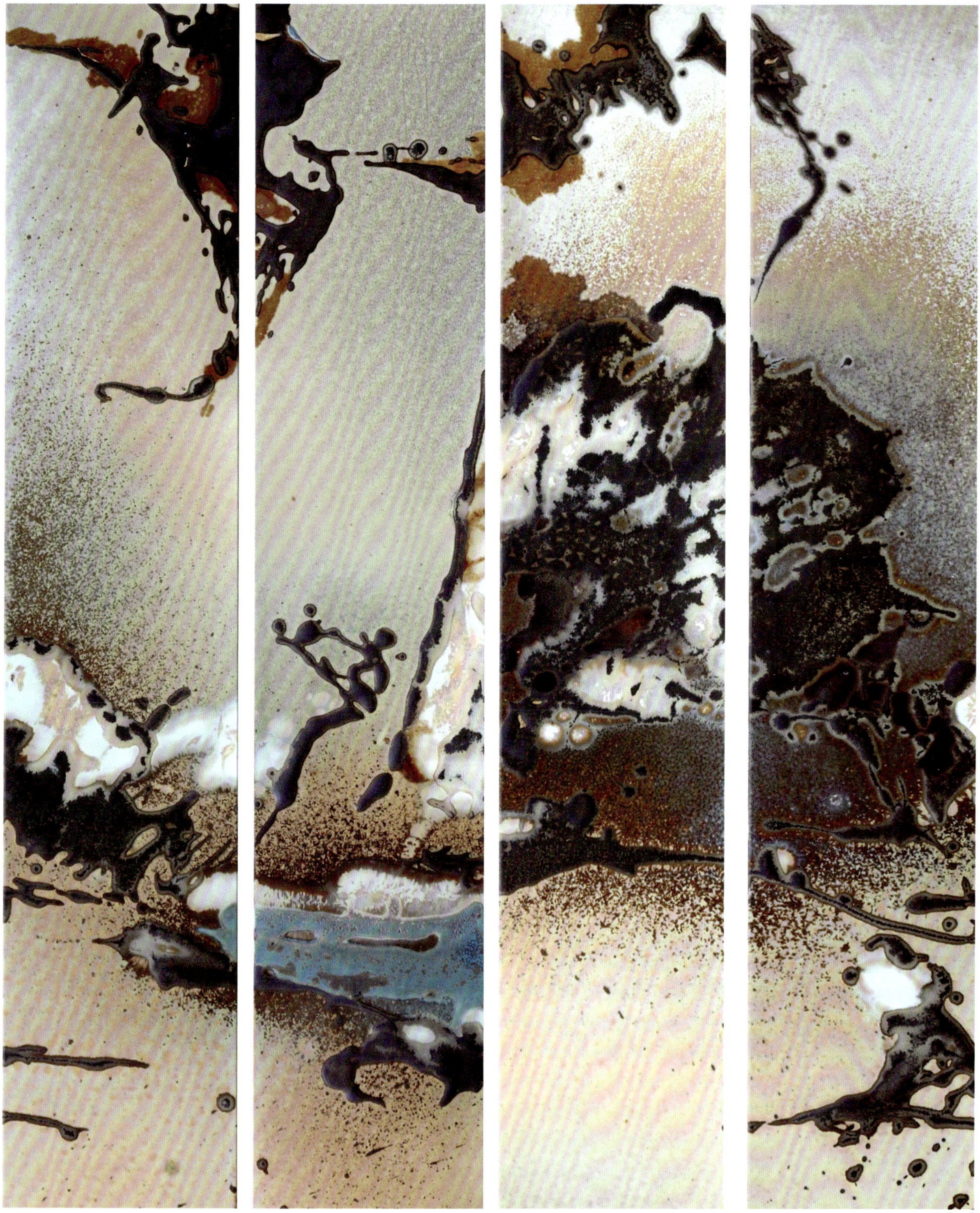

高温色釉的绚丽、多变、诡异,不可捉摸,让我痴迷。

未烧前只是朦胧的梦,不知出窑时是什么样的相。

没有预知的果,只有眼前的因。未成形前泥是泥,火是火,釉是釉。

当我与他们相遇,我们融为一体各自寻觅着融合的因。

经过无数次的交锋便产生了眼前的相。

佛经云:"相由心生",我不知我的心在哪里,又由何生我心,

心虽未有找到,但却一次又一次的在种因。

因因结成的果便一次又一次的呈现在眼前。

——老安写于2008年9月

非有想系列-荷塘印象　安锐勇　高温色釉　2007

非有想系列——意 安锐勇 高温色釉 2008

非有想系列——荷塘　安锐勇　高温色釉　2008

2008

这幅作品的意义本身非比寻常。

王寅知道我敬爱切·格瓦拉，特别将他在切的家乡拍的摄影作品送给我。画面是斑驳的残墙上涂鸦着切的剪影，温暖而忧伤，回到家乡的切不再英雄，不再悲壮，他是阿根廷人民的儿子，是拉丁美洲人民的儿子，也是世界人民的儿子。

"我怎能在别人的苦难面前转过脸去。"切如是说。我创作《我，切！切！切》时满脑子都是这句话。我采用了独特的创作形式，反复弄釉，多次煅烧，把我的头像和切的头像撕碎再拼贴，让我的灵魂靠近切的灵魂，再一起走进火里。

第一次看见新鲜出窑的《我，切！切！切》时，我浑身发烫。

诗人默默多次要求带她到香格里拉撒娇诗院的撒娇画廊展览，默默说：只有圣洁的雪山才配得上她。

艺术评论家沈奇教授顺带把我一起表扬了。他说：《我，切！切！切》是当代陶艺和当代艺术结合的典范。

写到这里，我感觉十分无耻，没有这样往死里表扬自己的。

—— 周 墙

我，切！切！切 周墙 高温颜色釉 2008

浅谈"冰蓝公社"之当代平面陶艺

文 / 周墙

　　有时候在景德镇的我们是很困惑的,甚至很无奈,很孤独。当我们面对泥巴、空气、水和火却快乐不起来,原因是不愿亦不敢轻易糟蹋在孩提时就带给自己快乐的泥巴。当然,我们丝毫不痛苦,用手去摩挲千年景德镇的高岭土时内心平静安祥,犹如礼拜。是的,我们知道自己和古人共用同一座山的土,同一条江的水,同一窑的火,不同的是他们干的比想的多,我们想的比干的多。

　　当代陶艺(前卫陶艺)开始于日本。二战后日本陶艺有了变化,主要倾向是从技术的现代化转向意识的现代化,在观念思考与艺术探索方面最具影响的是陶艺组织"走泥社"。其代表人物八木一夫和他的伙伴们把陶艺从实用器物的约束中解放出来,摒弃用途,成为纯粹的造型,目的是通过陶艺作品,真诚表达自己的内心世界。从此,抛弃了实用性的陶瓷带着作者的思想和观念成为一种独立的艺术形式——当代陶艺。其实在此之前,许多世界级大师都参与或涉猎过陶艺创作,最早应属高更,他25岁时就做过陶艺,还有毕加索、米罗、塔皮埃斯、贾科梅第、夏加尔等,他们对陶艺的涉足直接或间接地影响改变着现代陶艺的发展。毕加索和米罗在平面陶艺中给后人做了很好的榜样。

　　当代陶艺在中国出现则是近二十来年的事,八十年代初西方艺术思潮的涌入,颠覆了中国被体制桎梏已久的国家民族主义的工具艺术,诗歌一马当先,绘画、雕塑、音乐、舞蹈紧随其后,陶艺也不例外,只是声音小点。近几年各类艺术轰轰烈烈,艺术再次成为社会关注的焦点,和八十年代不同的是,人们关注的不只是艺术本身,更多的是艺术的价值。(我以为艺术的价值有两种方式可检验:一,时间。一百年二百年,甚至更久,大浪淘沙。二,价格。我们都活不到百年,当下姑且采用庸俗的尺度衡量艺术的价值,还有什么比钱更庸俗呢。)除诗歌外,所有艺术皆以价格形式行走江湖,当代艺术是弄潮儿,抽象表现主义,极简主义,现成品,波普,行为艺术,装置艺术,新媒体,用批评家朱大可的话说:这是场流氓的盛宴。如果说动则售价千万百万的其他艺术是大流氓,当代陶艺充其量是个小混混。

所幸的是我们看到了努力。著名陶艺家张尧发起组织过多次当代陶艺展览和当代陶艺专场拍卖，获得良好的市场反映。我们有理由相信当代陶艺的爆发力，就像我们相信泥土可以带来丰收。当然我们更相信一群正思想着的陶艺家。

几年前，在景德镇陶瓷学院通往三宝路旁的前村，同样困惑孤独散发泥土气息的人集结在一起。他们是来自北京的诗人艺术家周墙，景德镇陶瓷学院老师干道甫，山东陶艺达人安锐勇，意大利华人艺术家朱迪，西安美术学院教师杨志，云南大学副教授吴白雨，东京艺术大学博士、景德镇陶瓷学院教师刘晓玉。周墙提议成立一个艺术团体，以板块的形式和力量冲击当代艺术。他把八十年代搞诗歌运动的激情和模式搬出来，不久便说服了大家，成立了中国最早的当代陶艺团体，命名为"冰蓝公社"。他们一起做陶艺，一起喝酒，一起碰撞思想，一起风花雪月。

除了做陶艺造型以外，"冰蓝公社"的成员还多元化的探索着当代平面陶艺的发展。

干道甫潜心青花创作，对青花作品的结构和块面布局的思考一直是干道甫在创作过程中的重点，干道甫的艺术抽离于对传统青花的叙述性和青花小情调的追捧。他的独特之处在青花创作工具中加入油画笔或排笔的运用，在大瓷板上挥洒艺术张力。在其创作过程中既传承东方传统青花的笔墨韵味，又借用西方油画笔和排笔刷出淋漓酣畅的效果，工具运动的轨迹及妙手偶得的心理感受，造就了干道甫前无古人的大青花。

安锐勇是虔诚的佛门居士，痴迷高温色釉的绚丽，多变和神秘。用他自己的话说："未烧前只是朦胧的梦，不知出窑时是什么相。没有预知的果，只有眼前的因。未成形前泥是泥，火是火，釉是釉。我与他们相遇,我们融为一体各自寻觅着融合的因。经过水与火的洗礼便产生了眼前的相。"多年的修行和创作，以及对颜色釉料的深入研究，造就了他高温颜色釉瓷板画的丰富窑变，在流光溢彩里的从容不迫。

周墙陶艺创作则完全尊从情绪。泥土是不变的，选用什么材料和采用什么方式去攻击它取决当时的心情。周墙崇拜泥和火，刻意加在泥火之间的媒材产生如何变化并不重要，尤其是自己小

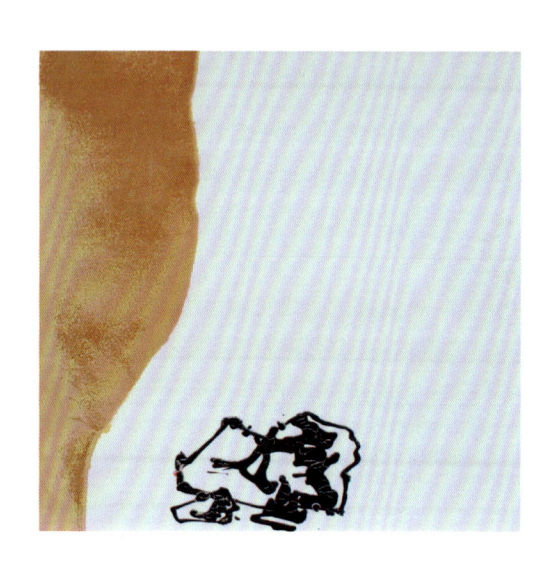

泥禅　周墙　高温颜色釉　2008
入选2009克罗地亚国际陶艺展
克罗地亚国家博物馆收藏

心翼翼选配的色釉，在1320度煅烧后将带给我们怎样的期待？他迷恋艺术的不确定性，在乎享受莫名其妙等待出窑的过程。周墙认为，艺术的革命其实是艺术语言的革命，艺术形式的革命。用天才的艺术语言和形式宣泄个性的情绪方能产生不朽的作品。艺术家有伟大的灵魂，他的作品才会有伟大的灵魂。

从某种意义说，"冰蓝公社"所探索的当代平面陶艺是对传统陶艺包括现代陶艺的决裂和对当代陶艺的刷新。"冰蓝公社"的成员在景德镇曾多次接待过久副盛名的国际陶艺家，其中有吉姆·莱丁(美国)，韦恩·海格比(美国)，乌拉·里斯莱鲁得(挪威)，章洙弘(韩国)等，并与他们研讨当代陶艺的发展和走向。他们认同"冰蓝公社"在当代陶艺尤其在平面陶艺上语言和形式的创新，就平面陶艺而言，"冰蓝公社"是同国际陶艺家并驾齐驱的。

其实，从波依斯喊出那著名的前卫艺术口号："一切都是艺术"，"人人都是艺术家。"我们已然开始远离艺术，同时我们更贴近生存本身的艺术。贡布里希说："没有艺术，只有艺术家。"以此，当我们放弃了古圣先贤的传统叙述，艺术家带着他的艺术作品真诚的融入社会实践，社会既是艺术家实践的对象又是艺术家抵抗的对象。他们的思想和他们的行为一样矛盾。至今很多人甚至艺术家始终不能明白艺术终究是人在社会关系中寻求精神自由与解放的工具。自从杜尚那件仿佛开玩笑的作品《泉》(即著名的"小便器")的出现，在彻底解放物品的"能指"(通过改变物品的语境)的同时，也彻底解放了艺术的媒材，从此任何东西都可能成为艺术。由于杜尚的出现，一下子使艺术的对象真正地从天上返回到世俗的人间了。感谢杜尚选择陶瓷语言来表现他如此重要的作品《泉》。之后，全世界的陶艺家都奉他为当代陶艺的开山鼻祖。杜尚给后人最大的启示是以一种看似搞笑的方式释放他无论与比的思想，他讥讽人们在文化艺术领域的拘谨和匠气，从而呼唤富有自由创作精神的时代到来。在杜尚开拓的领域里，人们感受到了自由，艺术进入了更大的范围。

手和泥土的亲密接触使陶瓷艺术和其他艺术相比更富有包容性、亲和力。许多艺术都会出现陶瓷的影子，陶艺也可以转化为任何其他艺术形式。"冰蓝公社"主张，所有陶艺行动需要放松心情，回溯至便尿和泥的孩提时光。就像一群摔黄泥炮的儿童，把自己倾情塑造的黄泥炮用力摔下，无论响还是不响，其实都不重要了。

——写于2008年10月22日

2008 Huangshan Biennial International Poetry & Pottery Exhibition

2008黄山诗歌·陶艺双年展

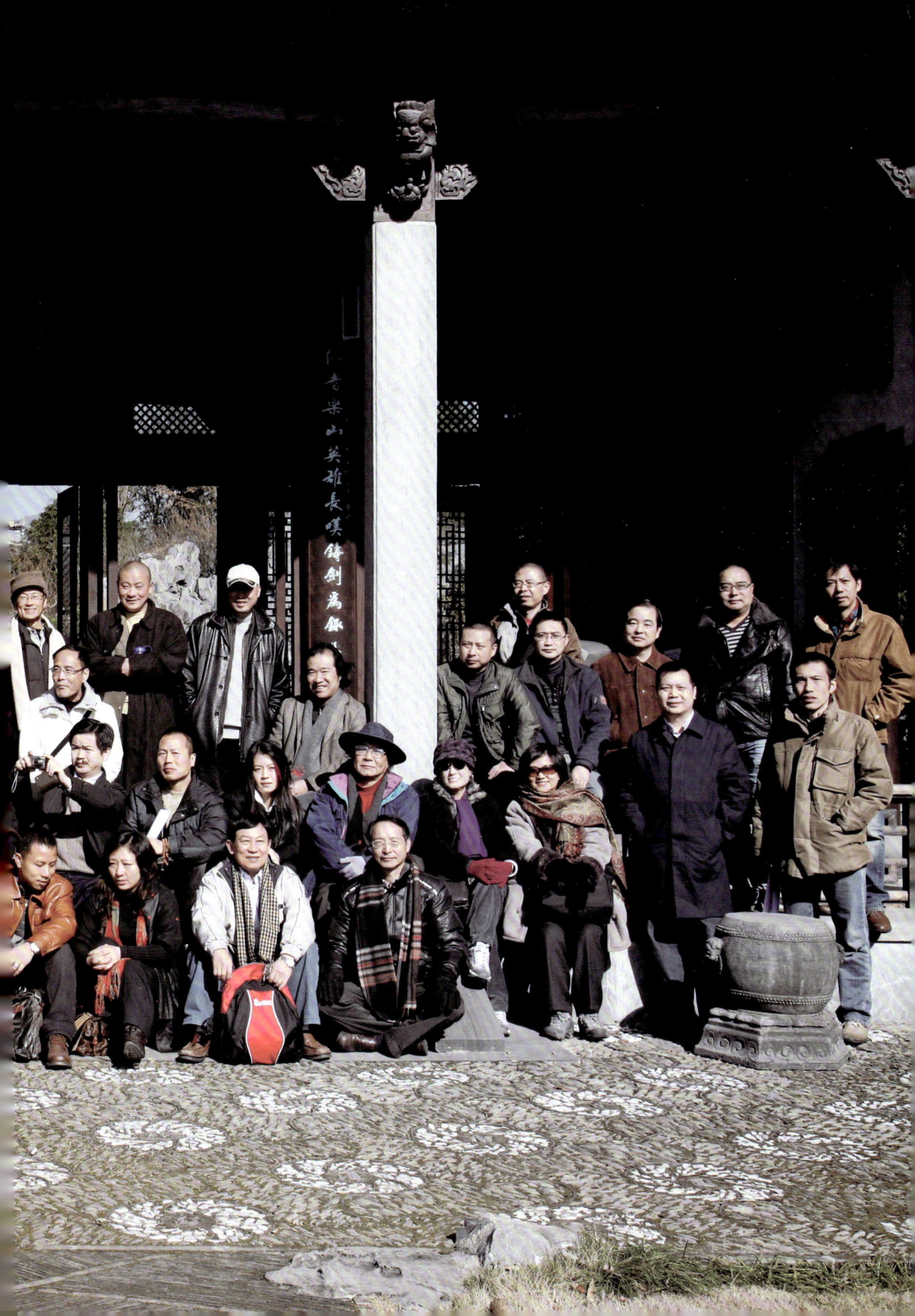

樂山英雄長嘆鑄劍為

2008 Huangshan Biennial International Poetry & Pottery Exhibition
2008黄山诗歌·陶艺双年展

诗人、陶艺家在归园东篱下竹林前清谈

台湾陶艺家管管、梅花落、海波，老中青诗人很凝重 　　　　　　　　"蒋介石"默默和"宋庆龄"王动在归园

台湾著名艺术家茶人吴德亮和夫人在归园 　　　　　　　　诗人无语

归园主人和台湾著名诗人罗门 　　　　　　　　评论家诗人沈奇介绍台湾诗人

陶艺家席地论坛 　　　　　　　　　　　著名诗人、摄影家默默在签卖艺契

归园主人与诗人宋炜 　　　　　　　　　太阳晒舒服的默默打个哈欠再抽一支烟

著名诗人李亚伟自愿按手印当归园园丁 　　台湾著名诗人罗门落手印签字

双年展晚宴台湾诗人、陶艺家、演员管管读诗

诗人、作家万夏读诗

作家野夫发言

诗人、画家王琪博读诗

主持人聂圣哲、王动宣布郑愁予"获终生成就奖"
美女作家子蛮为郑愁予颁奖

郑愁予赠主人马英九签名的金门大曲

艺术家董建在唱京剧《空城计》

周墙接受采访时讲说作品

朱迪、苏苏、老安和他们的影子

赵野、尚仲敏、王琪博、胡小波、李亚伟、万夏、野夫在齐云山

1、归园主人给朋友们示范如何砸黄泥炮
2、重庆诗人宋炜砸黄泥炮
3、2008归园诗歌陶艺双年展行为陶艺砸黄泥炮
4、看你响不响，左起干道甫、陈鹰、董建、默默、李明、郑愁予太太

1	2
3	4

2008上海国际艺术博览会

1、周墙接受东方电视台采访
2、老安、朱迪、苏苏、胡子、周墙
3、浙江大学教授江弱水观摩周墙陶艺《我·切！切！切》
4、展览期间周墙、朱迪在上海撒娇诗院和默默、王琪博清谈

1	2
3	4

这幅新鲜出炉的瓷板画是《今夜，我要带你去床上和天边》，名字典故出自诗人马松的一段趣话（请参看周墙文章《前生今世，只是一个瞌睡虫》）。

　　古人作画有法则曰：计白留黑。

　　我酝酿此画时面对泥胚茫然无措，老鸭滩工作室闷热难当，外面隐雷阵阵，暴雨时下时停，避难的蚊虫落在我身上，和我一起孕育眼前的泥胚。无法继续面对的我开始骚动，一个诗人的骚动像头发情的驴围着泥胚打转。干道甫在几米之外密谋青花，没有任何动静，一眼瞥见他肩上停留一只硕大的黑蝴蝶，随他创作的姿态起伏。

　　哈，我浑身骤起的鸡皮疙瘩惊走伐食的蚊子，从黑蝴蝶的黑翅膀里我发现了黑。

　　人不就是始终在大块的黑中找寻自我的那一抹亮色吗？

　　此刻，一头发情的驴子还能干什么——今夜，我要带你去床上和天边。

—— 周墙

今夜，我要带你去床上和天边　高温色釉　周墙　2008

老安在杭州获得中国当代陶艺展金奖

周墙创作于景德镇老鸭滩

老安在丽江

朱迪在布拉格

冰蓝公社 ICEBLUE ART 2008 | 118

飘蓝·干道甫

2008

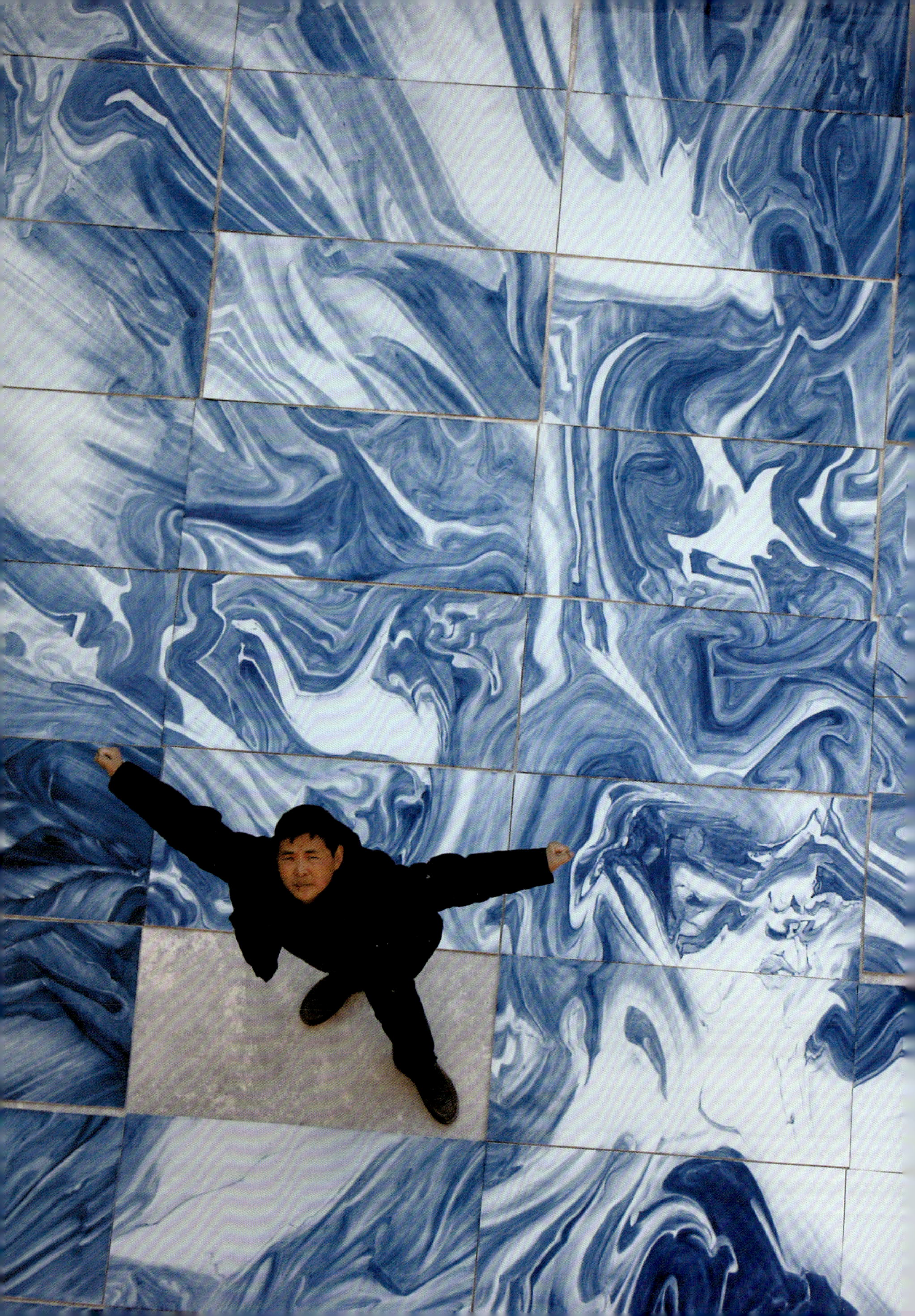

飘蓝　干道甫　青花瓷　600cmX600cm　黄山新安山庄收藏

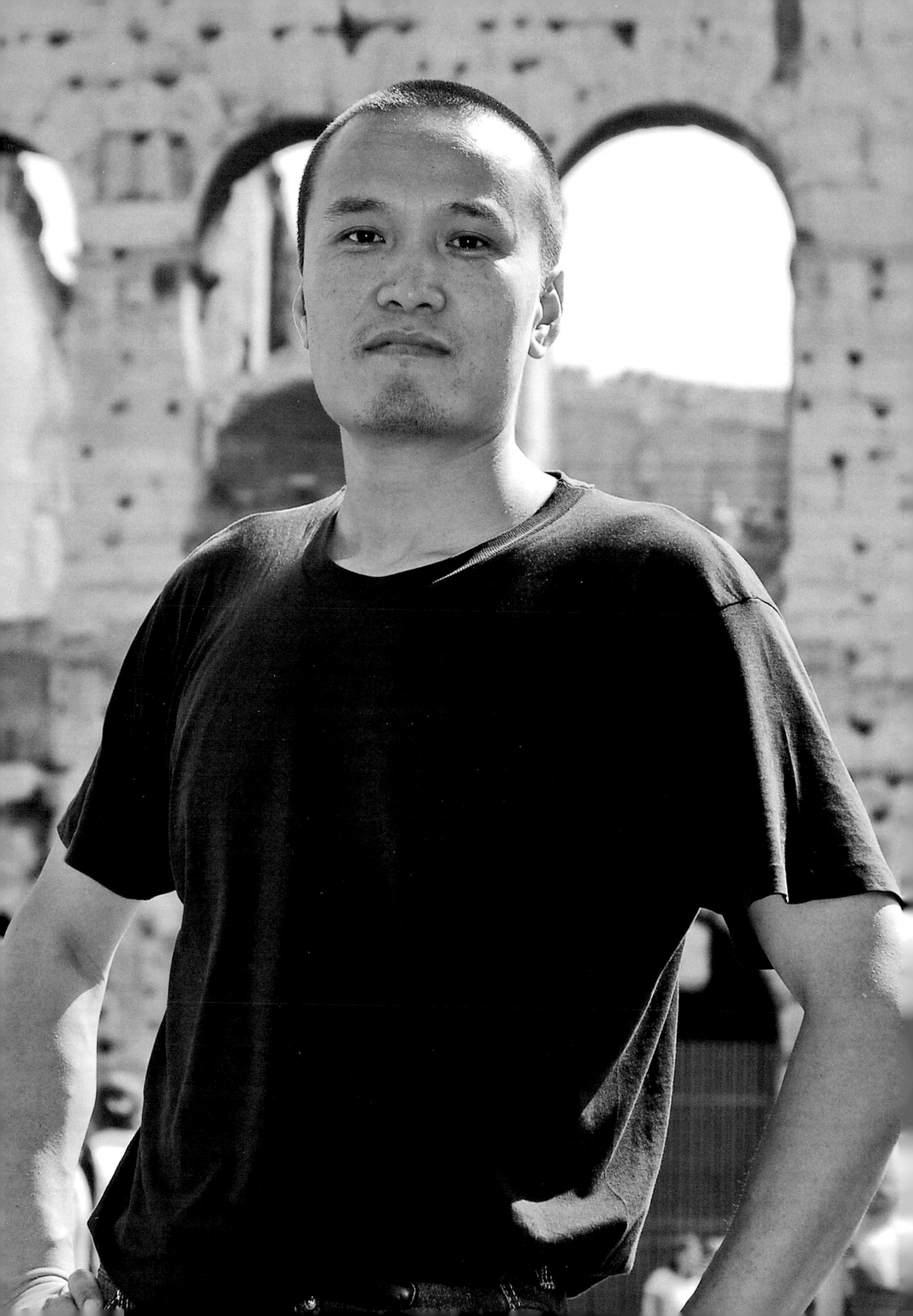

朱 迪 Zhu Di

1991年毕业于中央工艺美术学院陶瓷艺术系，冰蓝公社发起人之一
曾任教于合肥工业大学建筑系、威尼斯大学中文系

参展
2006　威尼斯陶艺家联展、特邀参展艺术家（威尼斯）
　　　第三届地中海国际文学和艺术节——个人陶瓷作品展（罗马）
2008　出版个人摄影作品集《L'anima di Venezia威尼斯之魂》（意大利 Marsilio出版社）
　　　《威尼斯之魂》——个人摄影作品展（威尼斯 文德拉明·卡莱尔吉宫）
　　　第十一届中国当代陶瓷艺术展（杭州）
2009　上海春季艺术沙龙展（上海）
　　　《威尼斯之魂》——个人艺术作品展（北京、天津）
　　　第十二届中国当代陶瓷艺术展（杭州）
2011　宁波博物馆当代陶艺邀请展（宁波）
　　　第八届中国当代青年陶艺家作品双年展（杭州）
　　　《观道》——新院体瓷上绘画作品展（南昌）
　　　首届中国当代陶瓷艺术大展（北京）
　　　"水——艺术和水，远离沙漠"摄影展
　　　（北京、天津、重庆、香港、伊斯坦布尔、伦敦、罗马、雅典）

意大利国家电视三台曾直播专访介绍其艺术及作品
作品收入《陶鉴》，发表介绍于《Con-fine》《艺术》《美术天地》《中国陶艺家》《陶瓷科学与艺术》等，陶瓷作品被中国陶瓷馆、宁波博物馆等收藏

Zhu Di

He graduated in 1991 from the Beijing Central Academy of Art and Design (now Tsinghua University), Department of Ceramic Design. He taught drawing and painting at the Hefei University of Technology and Chinese Language at the University of Venice. One of the sponsors of Ice Blue Commune.

Exhibitions
2006 Invited as foreign artist at the Venetian ceramists' exhibition "Bochaleri in campo", Venice
2006 Solo exhibit of ceramics during, Mediterranea Festival Intercontinentale della Letteratura e delle Arti, Rome
2008 Publication of photographic works *L'anima di Venezia (The Soul of Venice)*, Marsilio Editori, Venice
　　　The Soul of Venice, solo photography exhibit at Palazzo Vendramin Calergi, Venice Casino
　　　11th Contemporary Chinese Ceramic Art Exhibition, Excellence Award, Hangzhou
2009 Shanghai Spring Art Salon, Shanghai
　　　The Soul of Venice, solo exhibit of ceramics and photography, Beijing & Tianjin
　　　12th Contemporary Chinese Ceramic Art Exhibition, Excellence Award, Hangzhou
　　　Invited to the Contemporary Ceramic Art Exhibition, Ningbo Museum
　　　8th Biennial Exhibit of Works by Chinese Contemporary Young Ceramic Artists, Hangzhou
　　　Observing the Way, New Academic Painting on Ceramic Art Exhibition, Nanchang
　　　1st Contemporary Chinese Ceramic Art Exhibition, Beijing
　　　THROUGH WATERS-Art & Water, keeping Desert Aside, Photography Exhibition, Beijing-Tianjin-Chongqing-Hong kong-Istanbul-London-Roma and Athens.

The Italian Rai News Channel dedicated a special report on his works (http://www.rainews24.it/ran24/rainews24_2007/magazine/tempura/08112008.asp).
His works have been published in art books and specialized academic journals such as *Taojian, Con-fine, Art, The Fine Arts World, Ceramics Science and Art*.
His ceramic works are collected by art institutions such as the China Museum of Ceramic, Ningbo Museum etc.

交错　朱迪　高温色釉　2005

透过皮肤触摸你　朱迪　高温色釉　2005

无题　朱迪　高温色釉　120×60cm　2009

影之舞　朱迪　青花　88×86cm　（中国陶瓷馆收藏）　2005

朱迪——岸上的鱼

三年前的夏天，在中国瓷都景德镇，我偶然结识一个艺术家群体。不久我们成了兄弟。朱迪便是其中的骨干。那时他和阿干、老安等人租住在陶院附近的村庄里研究创作现代青花，他们称那里为青花山庄。

炎热的午后，阿干带我去青花山庄的一个三楼，开门的男人赤裸着上身，平头，修长而结实，笑起来温暖可靠。进入简陋的房间，地下木板铺上凉席是床，另一间房里自制画架上尚未完成的油画，沿墙陈列大大小小绘有青花的瓷蛋。我心里顿生好感，在资本主义国家生活十几年的朱迪，依然是艺术的苦行僧。我们席地而坐，朱迪捧着那些瓷蛋展示他创作的冷静飘逸的青花，讲述等待出窑的寂寞，接下来便是喝酒——

再次见到朱迪是次年夏天，依然在三楼。他略显激动的告诉我们有新作品带来。打开电脑，一张张摄影图片跳出来，顿时简单的工作室内弥漫妙不可言的空气，空气里飞舞着感叹号、问号。朱迪说：这是威尼斯的水。

接下来还是喝酒，清谈。朱迪话不多，似乎更愿意倾听，他的眼睛如庄子的秋水安静神秘，时尔灵光一现。是的，正是这双眼睛，捕捉了那些画面。

威尼斯的水！

子曰："君子见大水必观焉。"十几年来朱迪在出门见水的威尼斯究竟多少次促足凝望，内心与记忆沉淀千年威尼斯的水对话。而这个城市的影子始终穿梭在威尼斯的生活中观照着现实和梦想。人们在关注物质水的同时忽略了它的灵魂，那飘忽在威尼斯空气里的形而上。某个下午，一如往常逍遥游在水城大街小巷，中国艺术家朱迪被莫名其妙的发现感动的不能自己。他下意识的举起相机，从此这个城市的影子浮出水面，威尼斯的水揭开了神秘的面纱。后来朱迪说，那一刻他顿悟老子："上善若水，水利万物而不争，处众人之所恶，故几于道。"

几乎是不可说却不得不说的是朱迪的摄影，那平平常常威尼斯水的平常反映。水是瞬息万变的；光影是瞬息万变的；变化中的水光反映相对不变的建筑聚焦到艺术家的眼睛里便产生了奇迹。我无法具体描述这些摄影所展现水的形态和色彩，也无须依据经验判断它们像这个或那个现代派大师的作品，它们只是朱迪的艺术，一个东方黑眼睛里折射出的威尼斯，一次屏弃任何技巧的拍摄，以平常心抓住俗物之美的瞬间，以瞬间定格神秘之美的永恒。

朱迪——岸上的鱼，从老庄的水里游来，在威尼斯的水里找到了视觉艺术的灵魂。他的黑眼睛看见的不仅仅是水。

周墙写于2007年初秋

喜马拉雅之一　朱迪　高温色釉　2010　115x60cm（2011嘉德秋拍作品）

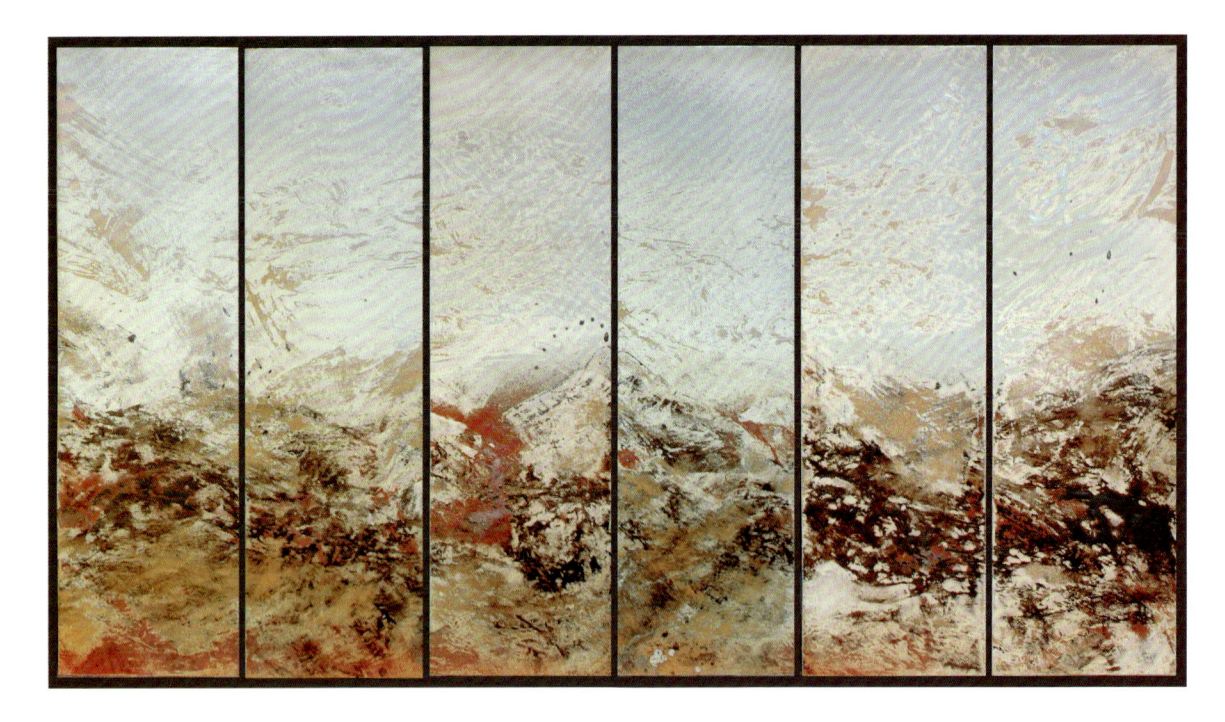

喜马拉雅之二　朱迪　高温色釉　2010

喜马拉雅之三　朱迪　高温色釉　2010（2011嘉德春拍作品）

潜 行 —— 朱迪高温色釉瓷板画—《喜马拉雅系列》观感

《喜马拉雅系列》是朱迪创作的瓷板画系列之一，看到最多，也是我本人最喜欢的内容。大面积的暖色和灰色衔接，浓重如焦墨的笔触厚重如铁，暗色山体和飞扬的云雪，油画味十足；高温釉特有的润泽窑变，恢弘的气势是这一系列作品的标准符号。

审美欲望和快感是人类本能的精神追求，仰韶文化彩陶纹饰，看不出有任何实用的功能，而完全出自本能的审美快感；柏拉图甚至注意到人的审美快感会带来生理上的变化：高热、浑身发汗、皮肤反应。

面对喜马拉雅，第一印象我想说："大气……感动"。苏珊·朗格倡导"艺术是人类情感的符号形式的创造"，艺术符号的形成基于对语言的掌握，快感的形成是一个痛苦而迷茫的过程，只有创作意向和艺术形式达到完美的统一，才能达成艺术快感的冲动和宣泄。

从美学或者哲学的高度来直接解读朱迪作品，喜马拉雅系列还是在规则内跳跃的作品。那种对隐喻性或者不在场性的社会学、心理学、政治经济学或传播学意义上的探讨，都是没有意义的。我更沉迷于特定环境下对颜色、材料、触感等感官刺激的享受中。

创作从来是一个反动和被反动的过程，如果我们站在一个历史的制高点，看看迷茫的自己就会很可笑。即使《喜马拉雅系列》是一个很成熟的统一，我们也不难看出青绿山水的意象，后印象和表现主义的影子，以及朱迪对现代艺术的理解和对传统具象绘画失去的热情。

朱迪反动本身和反动的过程，其实是对我们的审美意象的一个蒙蔽，艺术符号对审美意象和艺术形式上的契合，才成就了符号的产品意义和文化高度，换句话说，它不只构成"文化上的真正的制造物"，还构成"其自身形式和组织结构符合各种客观条件的方式"。不仅如此，艺术符号的形成确立也造就了审美意象的终结和固定形式上的文化意义。

一切定论都是值得怀疑的。

在朱迪的作品里，可以清晰的看到审美经验的延续性，以及越来越不适应的秩序。柔软和坚硬，纯色和高级灰，油画的韵律和窑变的奇幻，在喜马拉雅系列中的反复出现，是对已有秩序的呼应和抗争的并存。

我想提一下朱迪作品里的装饰性。我所提到的装饰性并非我们传统美术所理解的狭义相对于写实艺术的技术语言，而是广义的审美经验、形式感、符号和对社会的理解等多方面的结合在作品体现和传达上的一种属性。

王广义、杨飞云等作品的审美疲劳，正说明装饰的局限性。这些类型化的语言并没有超越我们的审美经验，在狭窄的市场和资本的追逐下，这些类型化的东西只会带来思想的匮乏和艺术独特性的缺失，包括政治波普、残酷青春、标榜前卫的卡通和大量的装置之类。

朱迪的装饰性很难定性，喜马拉雅系列我们很容易看到审美的传承，东方的西方的，过去的现代的，写实的写意的，但总有一些说不出的陌生和愉悦，丝毫没有语言的不确定和躁动，而是静宜的存在。

考虑到朱迪长期的旅欧生活和所受的东方教育背景，朱迪具有多种文化冲突的个人体验，并不意外。我并不想说朱迪已经形成的语言如何，风格化如何，至少可以说给我们提供了一种新的审美意象延伸的可能性和建设性。

朱迪的很多作品都是和陶瓷相关的，是泥土和釉的语言，也是东方的语言。对材料和技术的熟练掌握，是一个优秀的艺术家的基础。喜马拉雅系列，看照片和看原作是完全不同的感受。想起我们上学时老师管伦勃朗他们统称酱油调子，语气里总有鄙视的意味。但当我在纽约大都会博物馆第一次看见伦勃朗原作，十分震撼。古典透明画法的晕染和直接画法的结合，亮部的皮肤流动和暗部的滞涩含蓄，可以说非凡人能及。

喜马拉雅系列的窑变也是同理，看见原作，一种触手可及的润泽扑面而来，全部是高温釉作品，都是1340度高温烧制，也就是说，画上去时候你是无法知道最后出来的窑变效果是什么样，而且瓷板的爆裂几率很高，成品率很低。尤其是《喜马拉雅系列》中假金和其他颜色的接驳，是陶瓷作品中比较少见的。

朱迪不是陶瓷专家，不喜欢就技术讨论技术，也怕沦入青莲文化的怪圈。高温窑变和假金融合，造就了《喜马拉雅系列》的暖色和润泽，造就了朱迪的个人语言和符号，不得不提。

《喜马拉雅系列》肯定不能算是传统陶瓷中的器，也不是我们传统的油版雕、装置艺术，与其他各种五花八门的新艺术形式似乎也不搭界。无意当中形成现在这种局面：不属于任何一个群类，但又好像都有点相关。

黑格尔说"存在的就是合理的"，在现代艺术是在西方价值取向为主导的今天，刚发达起来的艺术收藏者审美取向的局限和农业文明对全球化的抗拒，造就了混乱的艺术市场与局面。

面对这样的环境，朱迪踏踏实实地做自己感兴趣的事，相信能够把我们的眼光带向可以预见的不远的将来！

文/刘皖湘

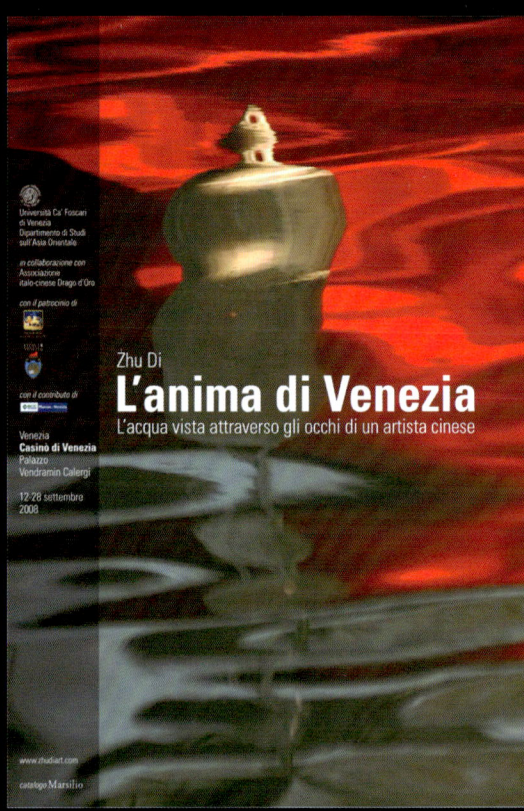

朱迪在威尼斯大学展览海报　　　　　　　　　　　　朱迪在威尼斯展览海报

朱迪与威尼斯之魂

威尼斯是吸引目光的城市，在这，眼睛凝视着，眺望着，寻找着，终于迷失在这个城市的特色中——水。

对不是骑马观花而又有着特殊审美、文化敏感的游客来说，水就变成现实和想象交错的地方，水的曲直、千变万化的"横"与天空无垠的"竖"融合在一起。这里，就在这里，人类能够融化自己，虽然本身很脆弱，但也能接触到中国哲学所珍贵的、万物所依赖的原则——宇宙无所不在的"道"。这种思想或许离1969年出生于合肥（中国）的陶艺家、摄影家朱迪所想到的并不太远。他1993年决定在威尼斯生活并不是偶然的，他用数码相机将这个城市对光的敏感和永不停息的元素记录下来，他抓住了水改变现实而又无法预知的倒影，来暗示属于另外一些异常世界的抽象感觉。其实，这些"世界"很接近，只是肤浅的观察者所体会不到的。

再说，除火、木、金、土外，水为中医五行之一，五行就是对应五类人的表现，即人与世界交流五种方式。跟水有关系的人是很有意志的而又易适应任何环境的；他不一定一直很诚实，但是很会与人交流，他野心大，审美观也很发达，而在委屈的情况下也能很无情。我认为水就很好地体现出威尼斯的一些优点和不足。朱迪选择将整个系列照片致力于威尼斯以及她的倒影的确不是偶然的。

其实，他的照片跟游客一般所认识和参观的威尼斯并没有什么关系，反而，可以说他是故意拍这种并不是具体形象的照片。这位艺术家的审美追求在于把威尼斯当作工具而不把她当作目的。他通过完全中国的一种敏感，设法抓住大自然的精髓和宇宙多种力量的最终融合。

他不像在拍照片，而好像在画画儿。他很智慧的用东方书法的明暗和影子的效果以外，朱迪还运用他那很特别的色彩意识。虽然他是从实际的颜色出发的，他也能够创造出超过现实和空间以外的一些超现实的暗示。这样，由于威尼斯的氛围和她的水，给了朱迪这样的机会：能够表现对立面的统一以及个人的心理和生理上的完整所带来的平静。

观看朱迪的照片产生出一种神奇的效果：你在观看他的照片就好像和在观看自己的内心一样。主导这种审美体会的眼睛是完成一项重大、高贵的任务，那就是将普通的观察者脱开日常生活，使他进入在一种跟大自然非常协调的心理状态下，使他在很短的几分钟内是非不辨、生死不分。朱迪本人在自己的书《威尼斯之魂——一个中国艺术家所抓住的水上倒影》（Marsilio出版社，威尼斯）声明："你心里有什么，你就看见什么,文化其实也是一种记忆！"水是液体状态的时间，是灵活柔性而永久的记忆，水就是通过她自己所创造的暗示，让人们去寻回遥远的记忆和悔恨，让自己恢复了自己是谁、想去哪里的原始状态。

对1987年获得诺贝尔文学奖的俄罗斯小说家约瑟夫·布洛德斯基来说，住在威尼斯很像接触到自己的本质、进入自己的自画像、达到这个城市以她独有的感官的平衡所带来的幸福。朱迪非常了解这一点，他肯定看过俄罗斯作家贡献于威尼斯、特别是贡献于威尼斯的水的《Fondamenta degli incurabili》（《不可治愈者的堤岸》）这本书。其实，这位摄影师在完成自己的华丽作品时，毫无疑问地想到布洛德斯基的这句话："我一直这么认为，如果上帝的灵魂从水面上掠过，水一定能够反映他。这个城市是眼睛的至爱。"

朱迪的伟大贡献就在于他通过自己的摄影，好像拉着我们的手并在暂短的几秒中给我们指出大自然简朴而又珍贵的光芒。这种光芒是一直存在、永远会存在的，虽然我们人类把它忘却了。

MATELDA BUSCAROLI教授
（意大利CON-FINE杂志主编）

威尼斯之水二号　朱迪　摄影　2008

威尼斯之水六号　朱迪　摄影　2005

在天津个展与文化参赞巴尔巴拉·安利盖洛女士合影

与驻华大使馆公使衔参赞戴世达先生
和文化参赞巴尔巴拉·安利盖洛女士

在个展与威尼斯大学副校长斯卡帕里教授合影

与张恩利在上海

意大利国家电视台拍摄朱迪个展现

与艺评家刘晶晶在威尼斯古根海姆美术馆

威尼斯温德拉明宫 Palazzo Vendramin Calergi 个展现

1、《美术天地》总编陆春涛造访冰蓝公社
2、老安、朱迪、周墙、万夏饮于黄山老街
3、归园主人在园外近局茶香和邱志杰杀酒杀肉
4、邱志杰来访归园玩赏主人陶艺作品
5、穿海魂衫的周墙口吐妖魔灵魂出窍
6、老安与朱迪在德化陶艺创作基地

1	2
3	4
5	6

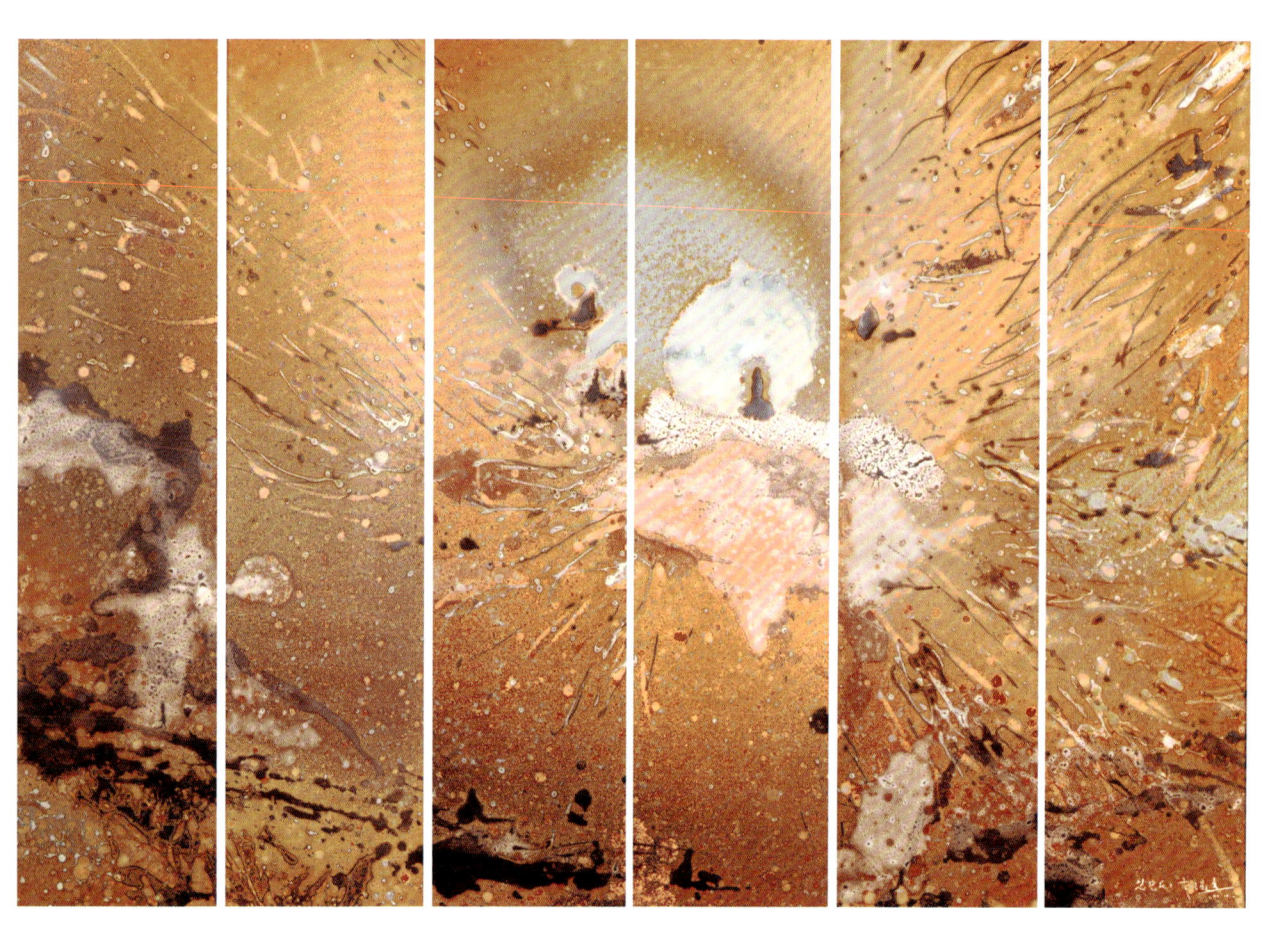

佛音　安锐勇　高温颜色釉　2008

2009

与老友卢吴在北京

与大学班长刘人岛

与安徽老友在北京个展上

与大学同学在展览上

与作家余华在威尼斯大学

与诗人赵野、老刀在北京个展上

与好友谢泽

与好友陈宇飞

1、阿干工作室初建成的涨锅饭后晒太阳
　　张辽、周墙、老安、阿干、朱迪、小虎
2、归园主人在最喜爱的绣球花下
3、周墙和陶艺家远宏、李劲在归园
4、老安与崔如琢、李正安
5、朱迪与孙良在上海
6、黄山电视台在中国当代陶艺馆拍摄周墙作品

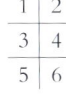

左起：赵野、李亚伟、默默、周墙、海波　（肖全摄于丽江）

首届北京798双年展,周墙与《黄泥炮》

朱大可参观冰蓝公社

"798双年展"上周墙教参观者砸黄泥炮，左二是黄珂

周墙在"国际当代陶艺高峰论坛"上演讲

老安与干道甫在归园

吴白雨与范景中教授

刘晓玉在日本福冈市村冈屋画廊个展

现象　周墙　陶艺装置

天地玄青　千道甫　青花瓷　120X210

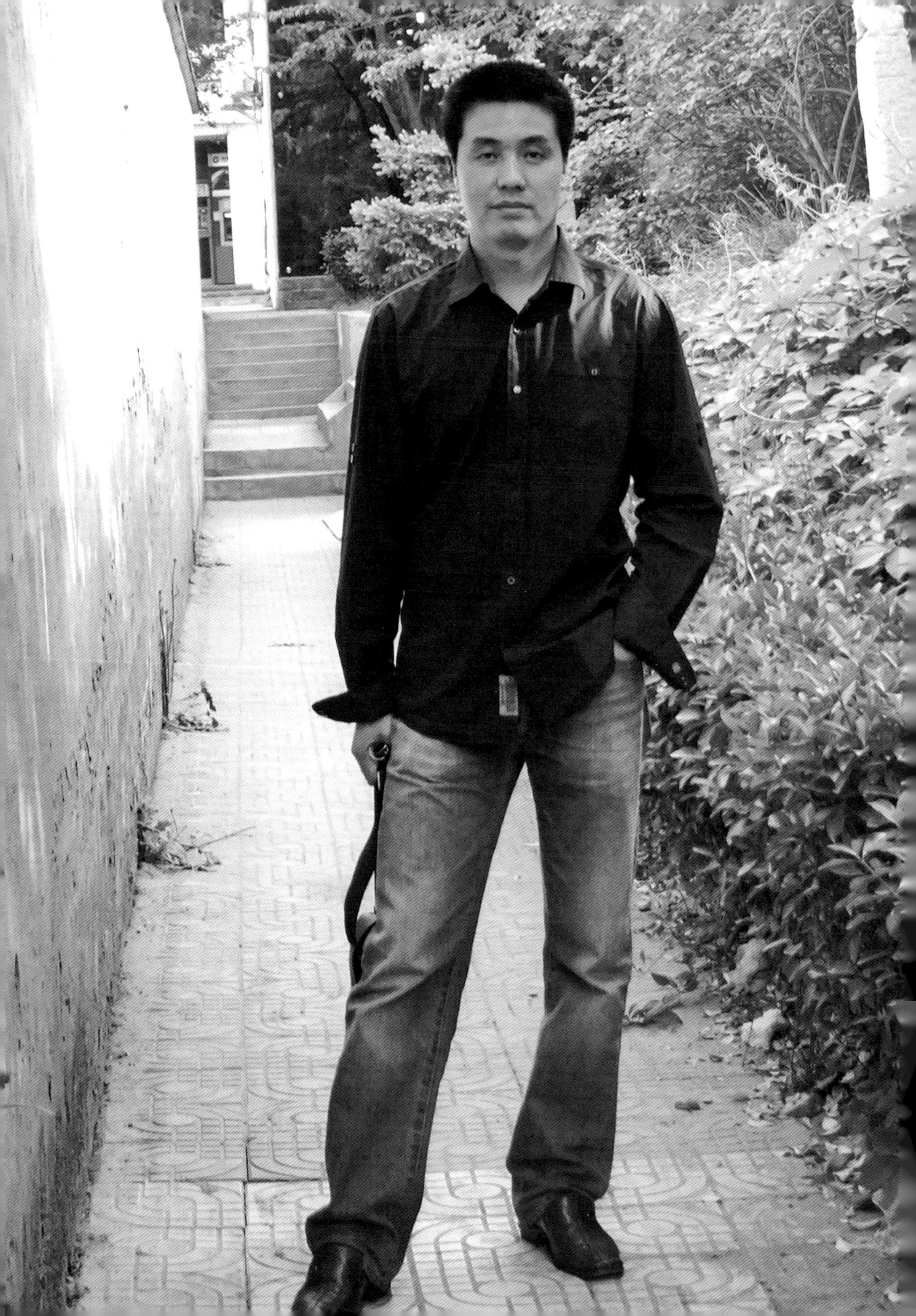

杨志 Yang Zhi

1977年生于河南息县
2001年毕业于景德镇陶瓷学院（获学士学位）
2006年毕业于西安美术学院（获硕士学位）
2001——2011年任教于西安科技大学艺术学院陶艺工作室
2011年起任教于西安美术学院
《陶艺》特邀撰稿人、《中国艺术教育》陶艺专栏主持、《中国陶瓷（艺术版）》陶艺专栏主持、
中国"新陶网"艺术总监，先后在《雕塑》《中国陶艺家》《陶艺》等专业美术期刊杂志发表论文40余篇。

主要展览：
2003年　西部·法国巴黎作品邀请展览(法国巴黎)
2004年　首届国际新秀陶艺家作品邀请展览(陕西富平国际陶艺博物馆群)
2005年　西安美术学院新作香港作品展览(香港)
2006年　宁波当代陶艺展览(宁波)
2007年　景德镇当代国际陶艺展(景德镇)
2008年　西部陶艺家作品精萃大展(成都)
2008年　中国当代艺术家工作室特邀展(深圳)
2008年　中韩陶艺家作品邀请展(德化)
2008年　宁波美术馆当代陶艺展览(宁波、杭州、武汉、东莞四地巡展)
2008年　三国演义——中日韩现代陶艺新世代交流展(佛山)
2008年　第43届国际陶艺学会大会中国当代陶瓷艺术作品展览(西安)
2008年　整合——景德镇陶瓷学院校友作品联展(成都)
2008年　第六届中国当代青年陶艺家作品双年展(中国美术学院)
2008年　克罗地亚后现代国际陶艺展(克罗地亚)
2009年　全国第十一届美术展览(厦门)
2009年　中国景德镇当代国际陶艺展(景德镇)
2010年　第七届中国当代青年陶艺家作品双年展(浙江美术馆)
2010年　中国景德镇当代国际陶艺展(景德镇)
2011年　二次元——当代陶艺之平面演义(宁波博物馆)
2011年　亚洲现代陶艺交流展(佛山)
2011年　西安国际陶艺交流展（西安）
2011年　中国西部陶艺精品年度展(成都)

策划展览：
2005-2006年 中国首届新秀陶艺家作品双年展览(西安)
2007-2008年 中国第二届新秀陶艺家作品双年展览(西安)
2008年　　 上海首届国际现代壶艺作品双年展览(上海)

创作营工作：
2006年-2007年 富平陶艺村驻馆陶艺创作(富平)
2009年　　　 佛山第一期国际陶艺家创作营(佛山)

作品收藏：
富乐国际陶艺博物馆、景德镇陶瓷学院、西安美术学院、烟台美术博物馆、中国民族博物馆
宋江书画院、孙中山纪念馆、陶行知纪念馆、宁波美术馆、克罗地亚陶瓷协会等机构收藏。

出版物：
主编出版《中国陶艺100家》陕西人民美术出版社
翻译出版《制陶秘笈250例 》人民美术出版社

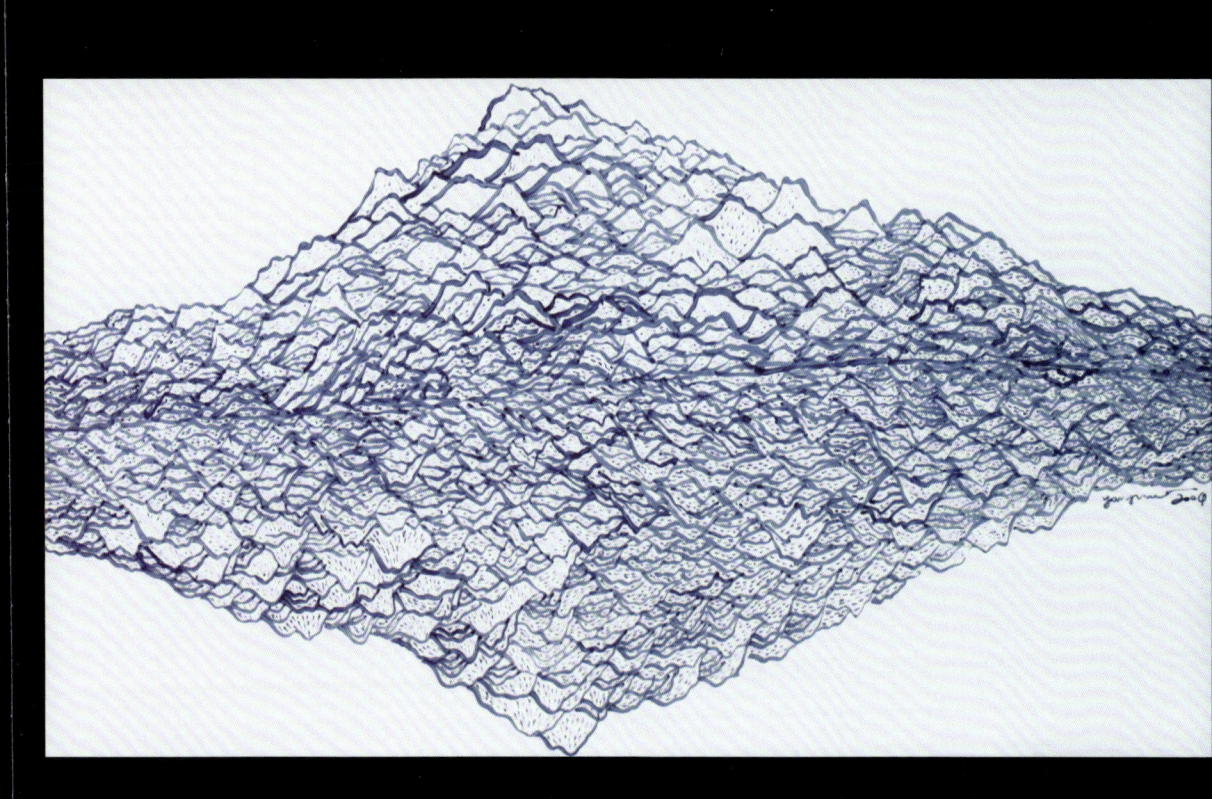

水云间之八 杨志 瓷板青花 60x120cm 2004

图腾——麒麟啸天　杨志 2005

图腾——双凤莺歌　杨志 2005

封存的记忆之四 杨志 黄梦新 2006

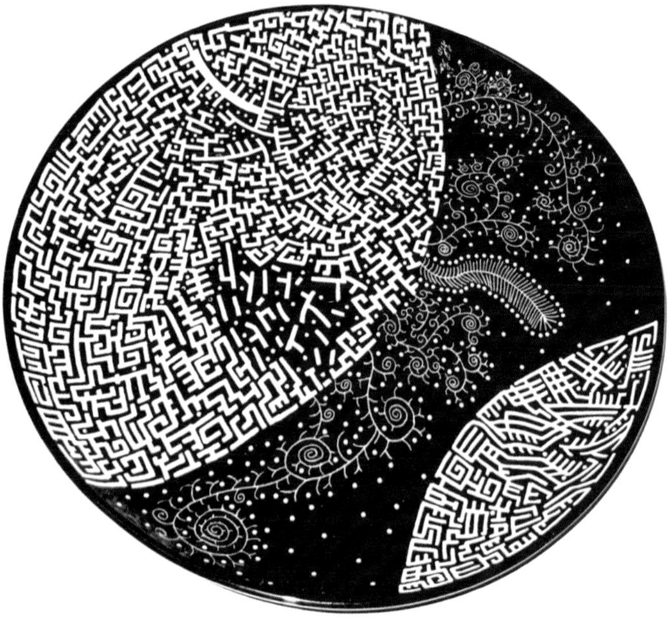

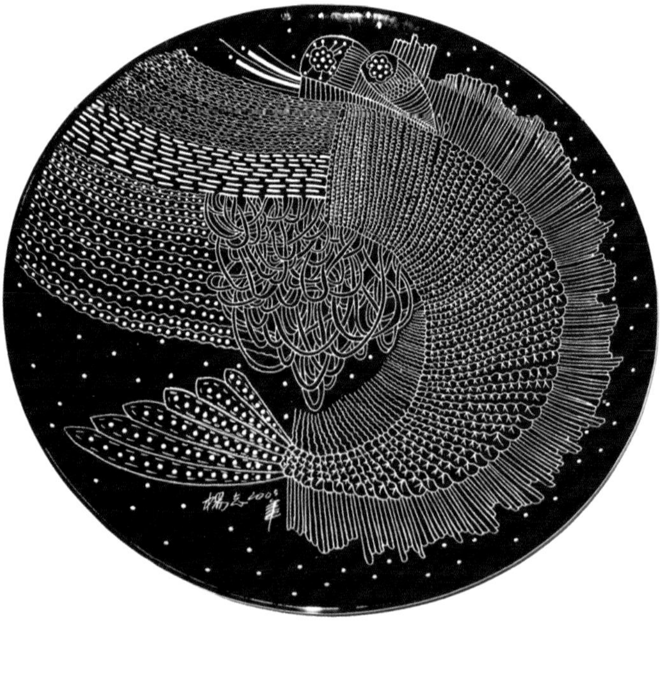

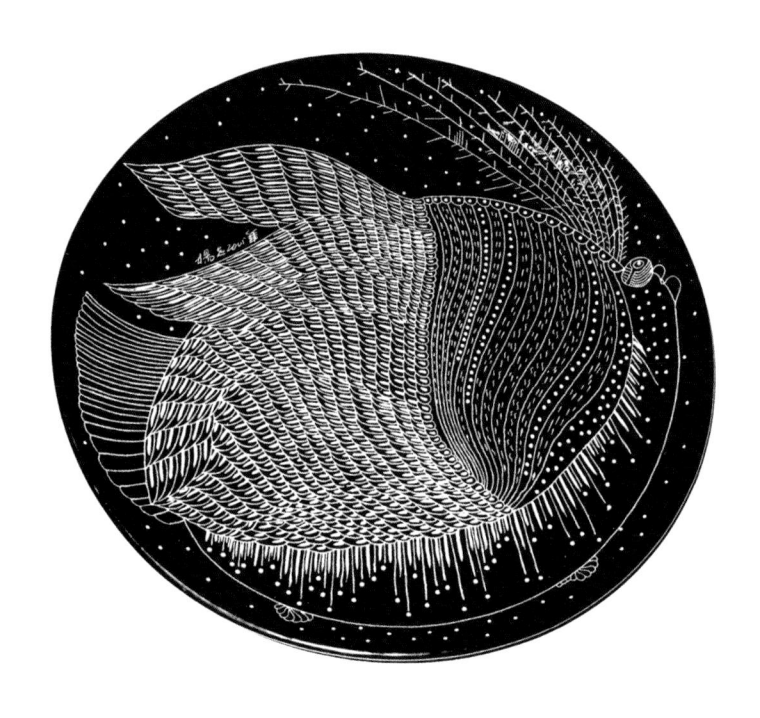

大图腾系列　杨志 2005

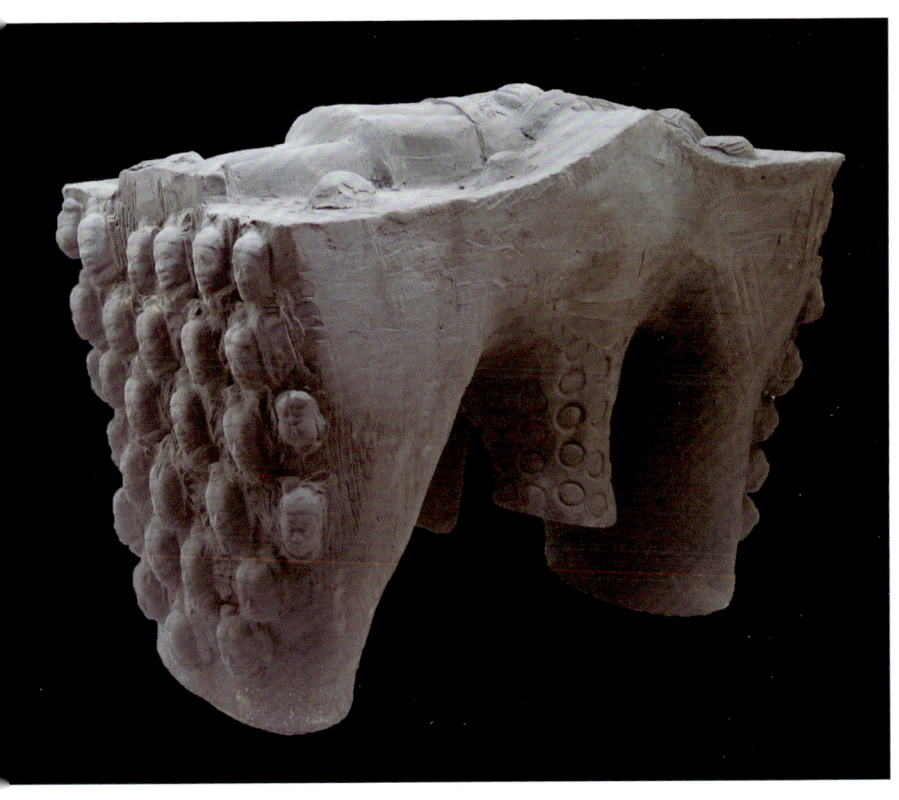

故国颂——秦之六　杨志　43x42x25cm　陶　2008

故国颂——秦之八　杨志　17x50x7cm　陶　2008

新构成　杨志　100x125x5cm　陶　2009

2010

2010年黄山诗歌陶艺双年展合影

2010黄山诗歌·陶艺双年展
2010 Huangshan Biennial International Poetry & Pottery Exhibition

2010
Nirdic & China
北欧—中国年
Biennial Poetry & Pottery International Exhibition
诗歌陶艺国际双年展

安锐勇 《无题》

1、周墙、干道甫与诺贝尔文学奖评审主席谢尔·艾斯普马克及其他北欧艺术家在冰蓝公社陶艺展上
2、双年展与会同仁在猪栏酒吧
3、黄山诗会在黟县乡下看社戏

1	
2	3

1、诺贝尔文学奖评审主席谢尔·艾斯普马克为李森颁发诺贝尔文学预备奖
2、周墙和著名音乐人黄小茂十年后再次重逢黄山
3、黄山诗会周墙和张元
4、在黄山猪栏酒吧的阳台斗地主

诗会同仁为李森过生日，李森当即献舞

1、海波、周墙、朱迪、老安、干道甫、李亚伟、默默、赵野夫妇在冰蓝公社
2、海波、周墙与赵野夫妇喝下午茶
3、李见深与干道甫在青花山庄
4、李亚伟、周墙、赵野
5、干道甫与若贝尔文学奖评审主席夫妇在归园

1	
2	3
4	5

美国当代陶艺大师吉姆·雷帝夫妇与干道甫

李欧梵夫妇与朱迪在威尼斯个展上

喜饶郎达与老安在丽江

吴白雨与学生们

周墙与吴白雨在蒲风书坊

工作中的刘晓玉

水骨　安锐勇　高温色釉　2010

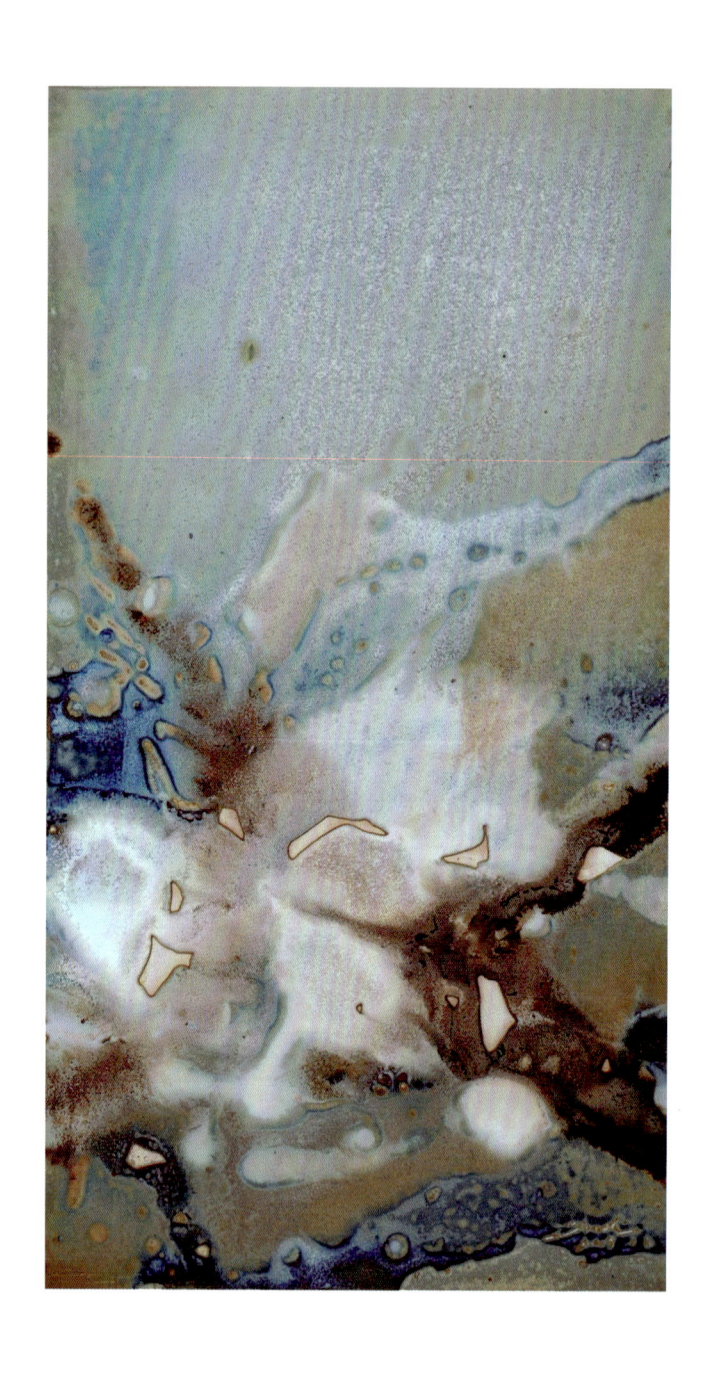

春暖花开　朱迪　高温色釉　44X81cm　2009（宁波博物馆收藏）

飘蓝 干道甫 青花瓷

2010 云南·建水

1、李亚伟、周墙、吴白雨在建水乡会桥车站
2、建水古龙窑
3、建水文庙

1、中国十大古桥之一的建水双龙桥
2、建水朱家花园
3、建水文庙
4、吴白雨、李亚伟、周墙在建水张家花园
5、红河谷地
6、经过建水的小轨滇越铁路

1	2
3	4
5	6

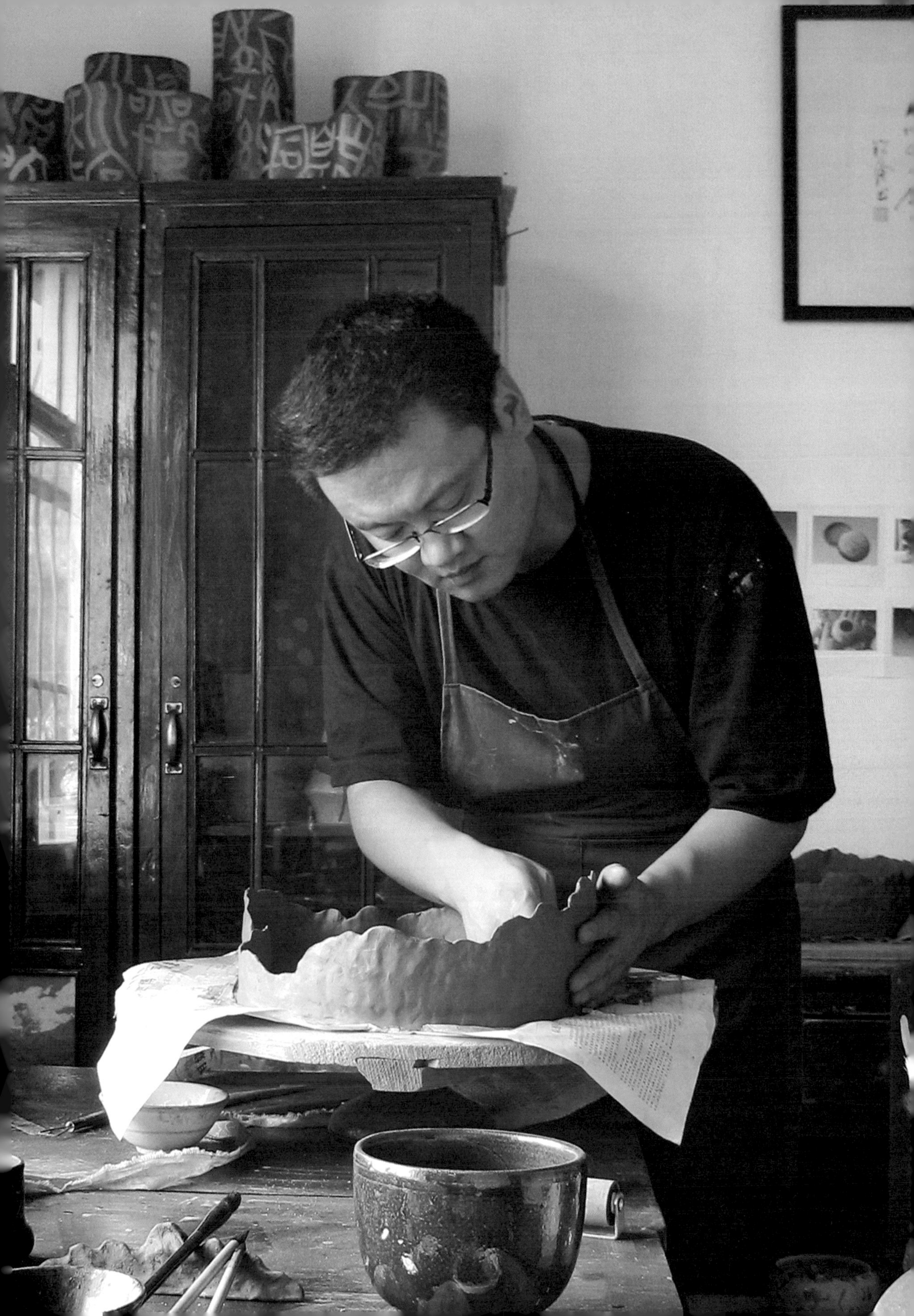

吴白雨 Wu baiyu

1979年出生，四川西昌人
毕业于云南大学、中国美术学院，曾任教于福建师范大学
现为云南大学副教授、硕士研究生导师
云南大学艺术学院建水陶研究所主持人
中国当代陶艺家群体"冰蓝公社"成员
中国西部陶艺家研究会副会长、《西部陶艺家》执行副主编
中国当代陶瓷艺术展委员会委员
列入云南大学中青年骨干教师培养计划

Born in 1979 in Xichang, Sichuan
Graduated from Yunnan University and China Academy of fine arts
Taught at Fujian Normal University
Yunnan University Associate Professor (By exception) and Postgraduate tutor.
Jianshui ceramic Institute facilitator of Yunnan University College of Arts and design
The member of ice blue commune that is Chinese contemporary potters groups
The member of Chinese contemporary ceramic art exhibition Committee
Included in the training programme of young backbone teachers in Yunnan University
Participated in domestic and foreign academic exhibition more than 10 times,
published two books, published more than 30 academic papers

主要经历：
2002年毕业于云南大学艺术学院
2002年至2007年任教于福建师范大学美术学院
2003至2005年于中国美术学院攻读硕士学位，并任教于中国美术学院
2007年调动至云南大学艺术与设计学院任讲师
2011年破格晋升副教授

主要获奖与参展：
全国第四届设计大展金奖（北京）
云南省第二届设计作品大赛金奖（昆明）
云南省首届设计艺术大展铜奖（昆明）
"中法文化年中国优秀设计作品赴法国展"获优秀作品奖（巴黎）
"鲁艺杯"全国高校教师美术作品优秀作品奖（沈阳）
上海世博会云南省展馆设计竞赛第二名（昆明）
中国国际动漫节设计引领奖（杭州）
年海峡两岸优秀设计师海报作品邀请展（厦门）
宁波博物馆当代陶艺邀请展（宁波）
第六届中国当代陶瓷艺术展（杭州）
"秋辞"当代陶艺邀请展（景德镇）
"青花神韵"主题邀请展（景德镇）
第二届西部陶艺精品展（成都）

出版专著《吴白雨建水陶艺术》等两部，参编《云南华宁陶》等三部。
学术论文三十余篇发表于《美术》《中国陶瓷》《民族艺术研究》《艺术与设计》等刊物。

主要作品收藏：
中国当代陶瓷艺术馆、东京艺术大学博物馆、宁波博物馆、博艺美术馆、印象美术馆、撒娇艺术馆、云南大学、三坊七巷美术馆等。

亚细亚联盟 · 当代艺术家丛书

陶冶

Ceramic Art

吴白雨建水陶艺术
Jianshui Pottery Art
of Wu Baiyu

吴白雨 著

文字般若之不喜不忧　笔筒　吴白雨　建水陶　白泥还原焰烧制　2009

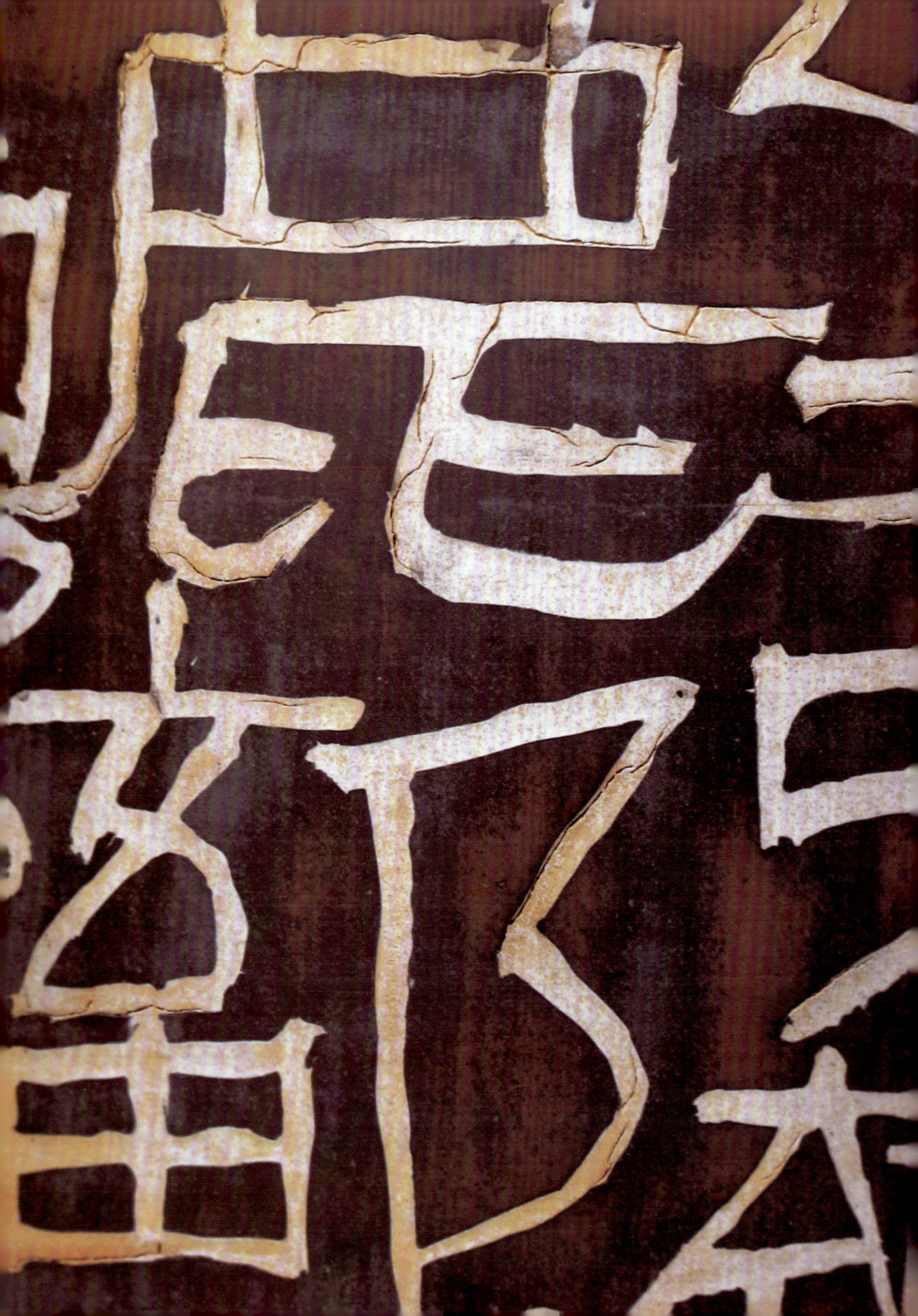

文字般若之大开通 笔筒

吴白雨

建水陶 1200度红泥还原焰烧制 2007

文字般若之毛公鼎印象　吴白雨　建水陶　红泥还原焰烧制　2010

文字般若七号　吴白雨　建水陶　红泥还原焰烧制　2010

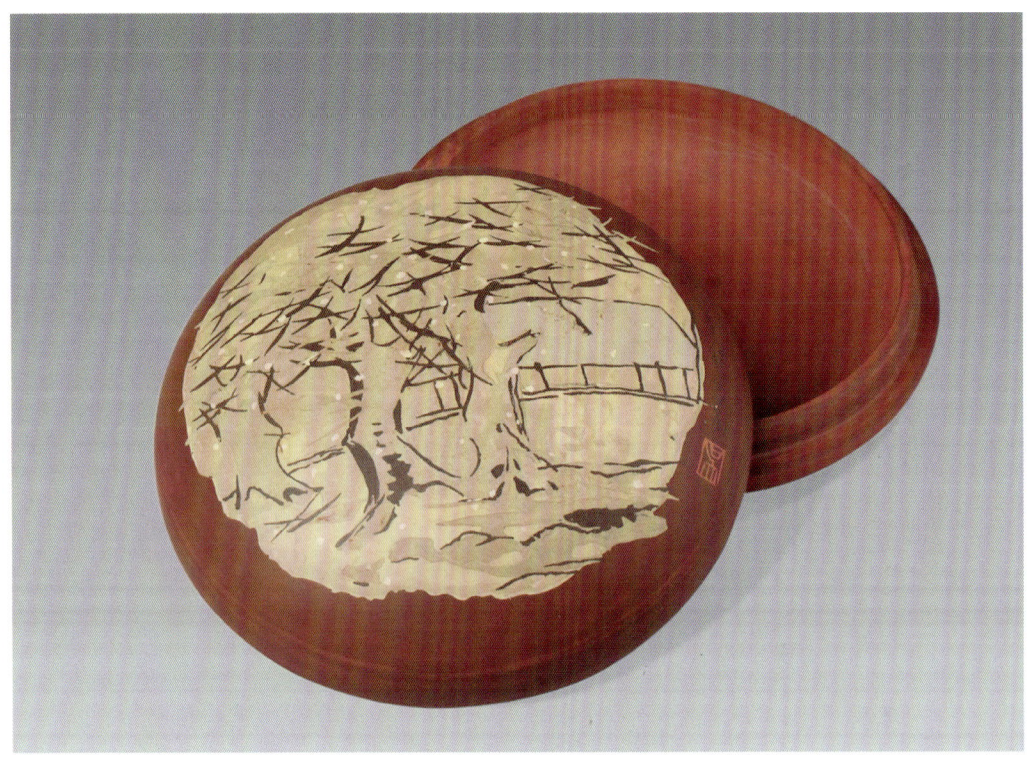

牧雪　墨盒　吴白雨　建水陶　红泥氧化焰烧制　2010

秋恨　墨盒　吴白雨　建水陶　红泥还原焰烧制　2010

秋林闲立　笔筒　吴白雨　建水陶　白泥氧化焰烧制　2010

静听（之一）　吴白雨　建水陶 红泥还原焰烧制　2011

静听（之一）　吴白雨　建水陶 红泥还原焰烧制　2011

建水陶及其工艺

建水位于云南南部，隶属红河哈尼族彝族自治州，有"文献名邦"、"滇南邹鲁"之誉。
建水陶的滥觞可追溯到3500年前的滇南新石器时代，
明末清初时期由于文人造物的兴盛，逐渐形成了独立的制作工艺和艺术特色。
建水陶与宜兴陶、钦州陶、荣昌陶合称"中国四大名陶"，
其传统制陶工艺已被列入"国家级非物质文化遗产"名录。
建水陶的制作程序一般分为制坯、修坯、绘制、刻坯、填泥、精修、烧制和磨制，
其中"刻坯填泥"和"无釉磨制"为其重要的特色工艺。
烧成温度为1150至1200摄氏度。
具有质如铁、明如镜、声如磬、润如玉的艺术效果。

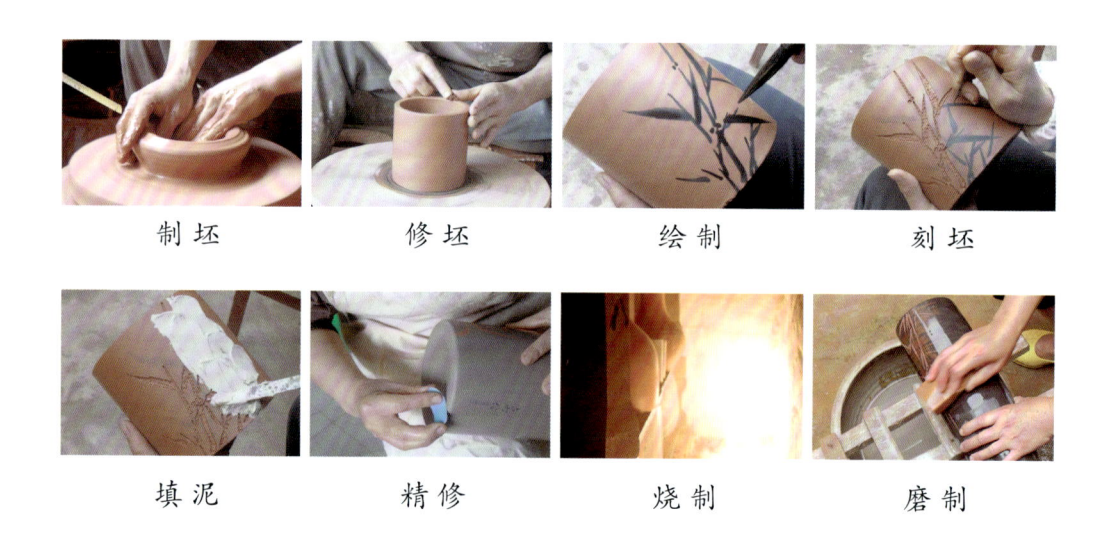

| 制坯 | 修坯 | 绘制 | 刻坯 |

| 填泥 | 精修 | 烧制 | 磨制 |

吴白雨与范景中教授

吴白雨与余光中、范存我先生在黄山

吴白雨与刘正教授、四川美协主席阿鸽、周晓冰教授在成都

吴白雨与李森教授、太阳妹妹在罗平

吴白雨与戴雨享教授在杭州

吴白雨与卢为峰、李木教、胡加月在福州画院

吴白雨与芦苇在建水

吴白雨与同学们在美院

2011

2011冰蓝公社受邀参加
宁波博物馆当代陶艺邀请展

诗人·墙·鸟 周墙

1、宁波当代陶艺展开幕式
2、周墙与中国美院陶艺系主任戴雨享教授、宁波博物馆馆长林立群出席开幕式
3、默默前来捧场
4、宁波博物馆馆长听吴白雨说陶
5、宁波博物馆馆长听朱迪说瓷

1、默默、吴白雨、周墙、老安
2、周墙现场创作作品
3、吴白雨与默默教主
4、彭前程、周墙作为朱迪、老安表演的配景
5、吴白雨、彭前程、朱迪、老安、默默、周墙、陈晓旻

1	2
3	4

5

天宝　干道甫　青花瓷　2011

朱迪、彭前程、周墙、老安、默默在酒店雅集

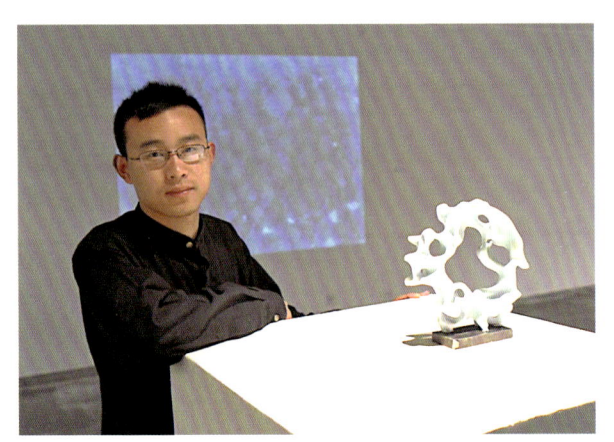

彭前程在参展作品前

朱迪应邀作"当代高温色釉瓷创作"的演讲

吴白雨应邀作"建水陶文化及其工艺"的演讲

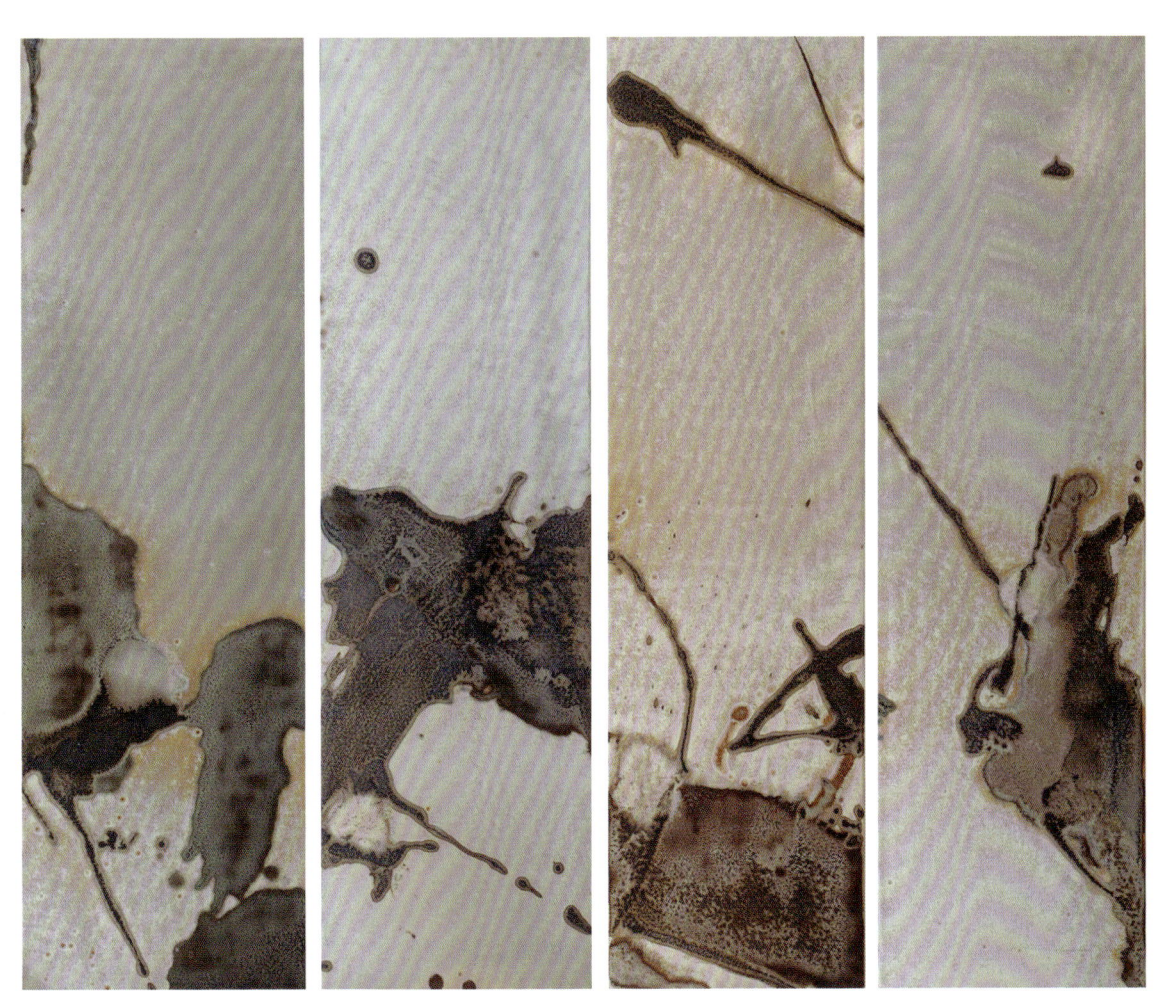

水骨 安锐勇 高温色釉 2011

瓷石系列之出窍 彭前程 2011

听秋 吴白雨 建水陶 2011

2011景德镇国际陶瓷博览会
"青花神韵"主题展

1、"青花神韵"主题展现场
2、周墙参展作品《青花·人骨》

1 | 2

1、"青花神韵"主题展现场
2、周墙与干道甫研讨参展作品《青花·圣山》系列

$\frac{1}{2}$

冰蓝公社主办"秋辞"当代陶艺邀请展

1、展览海报
2、朱迪、干道甫、彭前程、老安在布展
3、展览进行中

| 1 | 2 |
| | 3 |

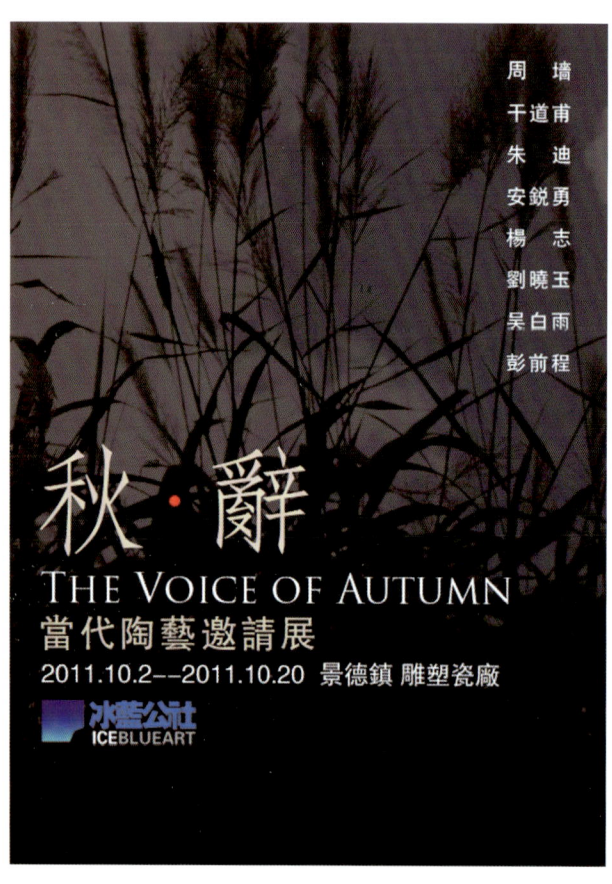

《秋辞》当代陶艺展现场

周墙、老安、吴白雨研讨朱迪新作

在干道甫的青花山庄

冰蓝公社社员在三宝雅宴

周墙在青花山庄创作

冰蓝兄弟在刘晓玉工作室研讨当代陶艺

周墙、干道甫在刘晓玉工作室

干道甫、周墙研究青花艺术

吴白雨应邀评审第五届"向逢春杯"建水陶大赛

万夏访问冰蓝公社

万夏在青花山庄创作

和周氏兄弟再饮于北京黄桷的
流水席。左起赵野、大荒、周墙

万夏夫妇与朱迪、周墙访问干道甫的青花山庄

日本东京银座黑山陶苑周墙购藏
当代陶艺先驱八木一夫作品并和社长合影

四个老诗人。左起周墙、张小波、马松、万夏
夜酒于北京丽都附近小酒吧

日本是山居刘晓玉曾经打工的地方
如今老板亲自为她和墙嫂做天妇罗

左起万夏、野夫、周墙煮酒论英雄

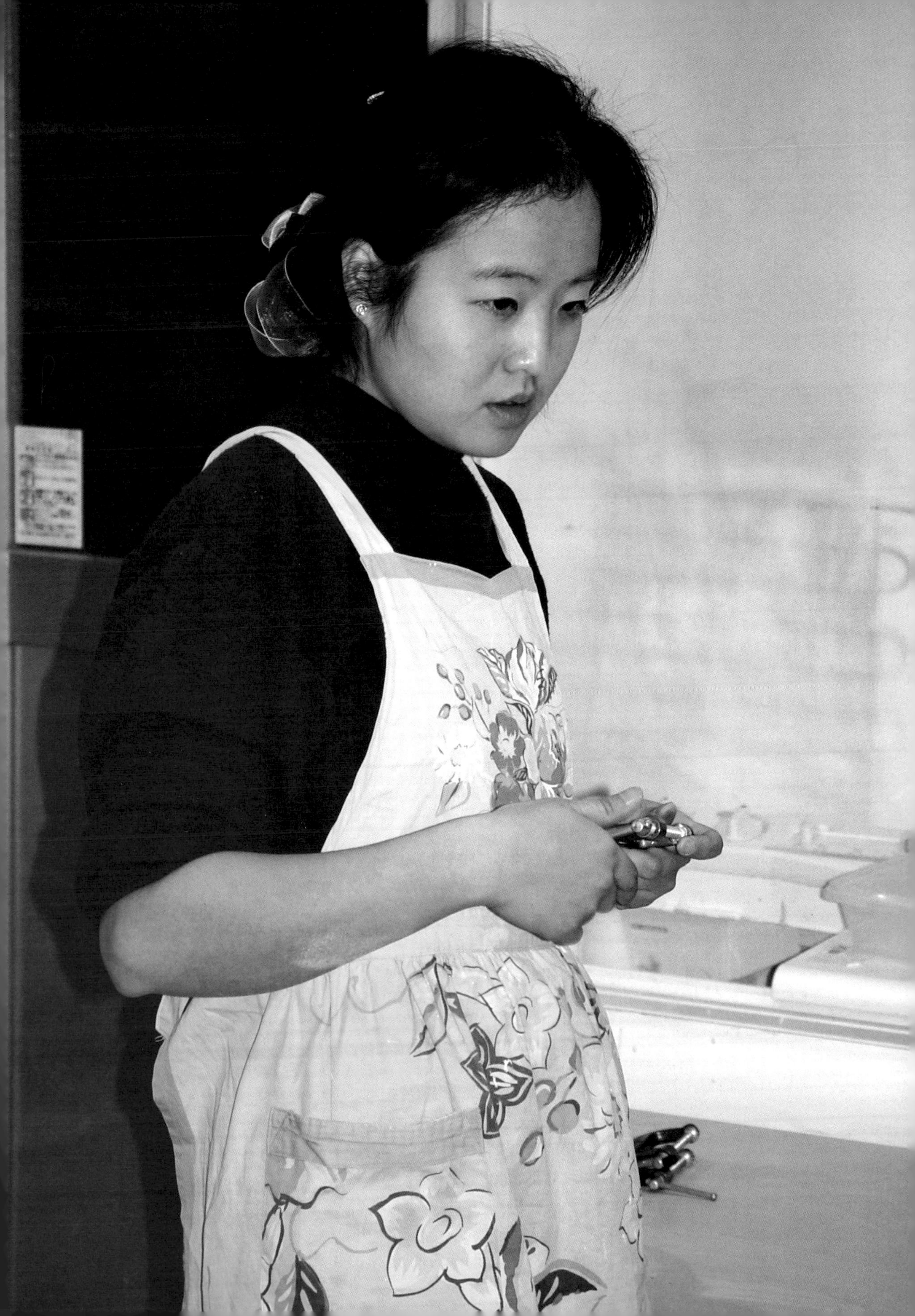

刘晓玉 Liu xiaoyu

刘晓玉，女，1974年生，江西省南昌人。
日本东京艺术大学文化遗产保存学博士。
景德镇陶瓷学院陶瓷美术学院副教授。
江西省非物质文化遗产景德镇传统颜色釉瓷烧制技艺传承人。
发表论文多篇，译著《上海博物馆》和专著《吉州窑彩绘瓷品鉴》各一本。
参与和主持多项国家及省级科研项目。

主要学术任职
日本文化遗产保存修复学会会员
中文国际·当代陶瓷艺术 艺术委员会委员
广东客属海外联谊会客家文化发展中心非物质遗产项目总监
复旦大学上海视觉艺术学院客座教授

获奖
1996 中国大学生书画展优秀奖
2001 第22回日本九州新工艺展优秀奖
2009 《木叶天目碗》获中国陶瓷艺术论坛作品展金奖
2009 《天目梅枝纹盘》获第12届中国当代陶瓷艺术展传统陶瓷类别银奖
2010 《天目梅花碗》系列江西省第六届青年美术作品展三等奖
2010 《天目窑变碗》获首届中国非物质文化遗产博览会产品展示银奖
2011 《窑变剪纸贴梅花纹碗》获2011中国（浙江）非物质文化遗产博览会银奖

邀请作品展
1999 日本武雄市世界薪窑大会作品展
2002 日本青森世界薪窑大会展
2007 韩国鸟山市世界薪窑大会作品展
2007 韩国平沢市国际芸术研讨会
2008 韩国鸟山市世界薪窑大会作品展
2009 韩国鸟山市世界薪窑大会作品展
2010 韩国平沢市国际芸术研讨会
2010 日中韩面器展
2011 韩国平沢市国际芸术研讨会
2011 日本东京艺术大学国际陶艺教育交流展
2000-2002 日本佐贺县美术协会展
2002 日本青森世界薪窑大会展
2003－2006 日本东京都三越本店东京艺术大学大学院美术研究科陶艺研究室师生展

个展
2008 日本佐贺市画廊－彩刘晓玉个展
2008 日本福冈市画廊刘晓玉个展
2009 日本东京银座林画廊刘晓玉个展
2009 日本福冈市村冈屋画廊－刘晓玉个展
2009 日本佐贺县佐贺市画廊－彩刘晓玉个展
2010 日本东京银座新井画廊刘晓玉个展

收藏
2008 《磁雕莲藕》淄博中国陶瓷馆收藏
2008 《天目剪纸梅枝纹皿》《黑釉描金小瓶》景德镇陶瓷学院艺术博物馆收藏
2009 《木叶天目碗》《"憩"图瓶》被江西省博物馆收藏
2010 《玉兔》被云南省博物馆收藏

媒体
中央电视台新闻频道、江西省电视台、景德镇电视台、日本朝日新闻、日本读卖新闻、日本佐贺新闻、日本西日本新闻、江西日报、景德镇日报、瓷都晚报、国内外重要的美术专著、画集、网络等专栏介绍报道。

吉州窑海浪纹罐　刘晓玉　2010

吉州窑海浪鸳鸯纹罐　刘晓玉　2010

吉州窑海浪双鱼纹大盘　刘晓玉　2011

天目梅枝文盘　刘晓玉　2009

天目黄金叶盏　刘晓玉　2009

天目釉玻梅花文碗　刘晓玉　2010

吉州窑虎斑彩绘花鸟纹瓶　刘晓玉　2010

刘晓玉与日本教授

刘晓玉与日本相扑选手

刘晓玉与博导东京艺术大学教授岛田文雄的博士毕业照

刘晓玉与韩国陶艺家在首尔畅饮

在九州国立博物馆

日本佐贺市彩画廊个展（右为硕导宫尾正隆先生）

刘晓玉与中国陶瓷艺术大师李梓源合影

刘晓玉与美国陶艺家lee middlema

刘晓玉在景德镇宝泥房工作室创作

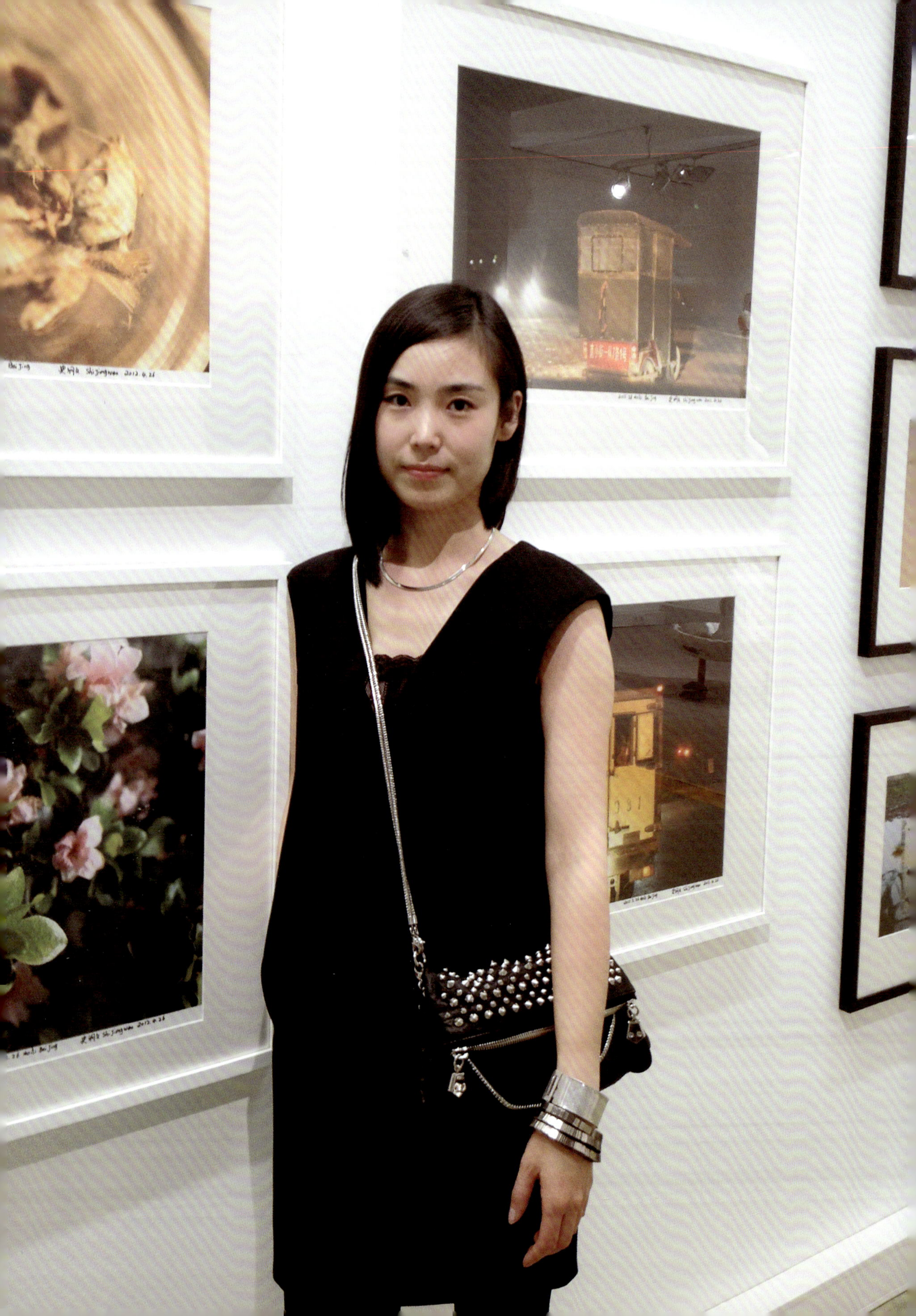

史洞文 Shi Jiongwen

史洞文，女，1980年生，陕西西安人。
2003 毕业于西安美术学院油画系本科
2007 毕业于西安美术学院油画系硕士研究生 现工作生活于北京

展览
2006 "进行时，当代艺术展" 深圳 深圳雕塑美术馆
2008
"2007 中国当代艺术文献展" 北京 歌华美术馆
"一切为了孩子" say fine art 艺术中心 北京 798艺术区
"双城记——西美力量零八呈现" 北京 酒厂艺术区
2009
GREEN——艺术北京当代艺术展 北京 国贸展厅
"有范儿"——新锐力量展 北京 草场地艺术区
2011
"义乌(Eve)" 北京798 白盒子艺术馆
"不在场" 北京 林大艺术中心 北京798
2011成都双年展特别邀请展—记忆缝合" 成都 那特画廊
2012
"洗牌:第一圈" 奥地利 维也纳
"新世纪影像十年" 北京798 悦.美术馆
"解禁之后……新一代的性与爱" 北京798 时态空间
e-mail : shiwenfei@yahoo.com.cn

Shi Jiongwen

She graduated in 2003 from Xi'an Fine Arts University, Department of Oil Painting.
She got her Master degree in 2007 in the same department.
Currently she lives and works in Beijing.

Exhibitions
2006
Progression, Modern Art Exhibition, Shenzhen Sculpture Museum, Shenzhen

2008
2007 Modern Chinese Art and Literature Exhibition, Beijing World Art Museum, Beijing, China
All For the Children, Say Fine Art Art Center, Beijing, China
Two Cities - Simei Power 08 Appearance, Jiuchang Art Zone, Beijing, China

2009
GREEN, CIGE, Beijing
Limited - New Power Exhibition, Caochangdi Art Zone, Beijing

2011
Eve (义乌) White Box Museum, Beijing, China
Alibi, Linda Gallery, Beijing, China
2011 Chengdu Biennale Special Invitation Exhibition - *Sutures of Memory* - Contemporary Art Exhibition, L-Art Gallery, Chengdu, China

2012
Shuffling The Cards: 1st Round, Vienna, Austria
Images Decade of the New Century, Yue. Gallery, Beijing, China
Lust and Love of the Young and Liberated, Shitai Gallery, 798 Space, Beijing, China

e-mail: shijiongwen@gmail.com

千里江山图（局部）瓷板釉上　史洞文 2013

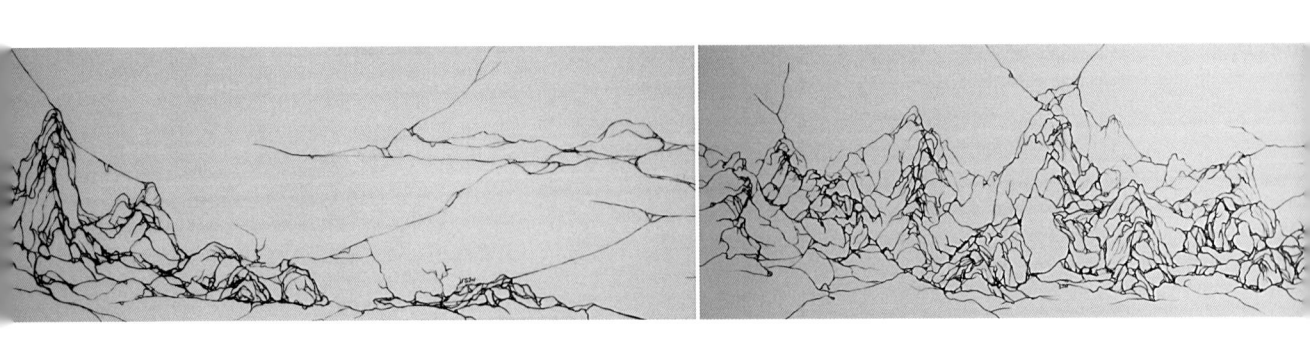

千里江山图（局部）瓷板釉上　史洞文 2013

千里江山图（全景）瓷板釉上　25cmX60cmX4　史洞文 2013

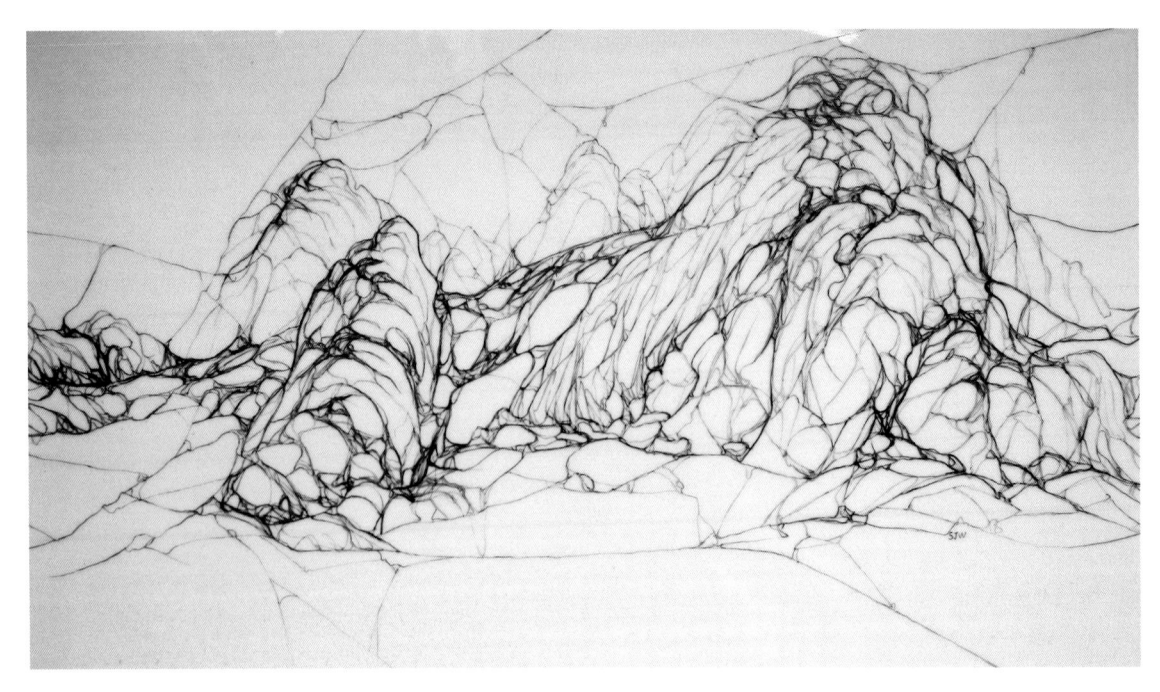

富春山居图（局部）瓷板釉上　史洞文　2013

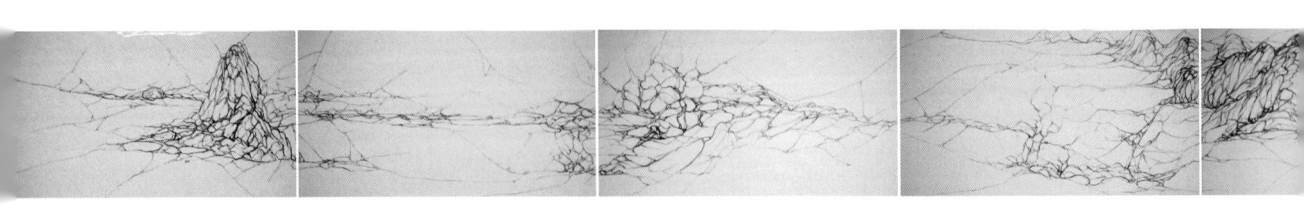

富春山居图（局部）瓷板釉上　史洞文　2013

富春山居图（全景）瓷板釉上　30cmX60cmX9　史洞文　2013

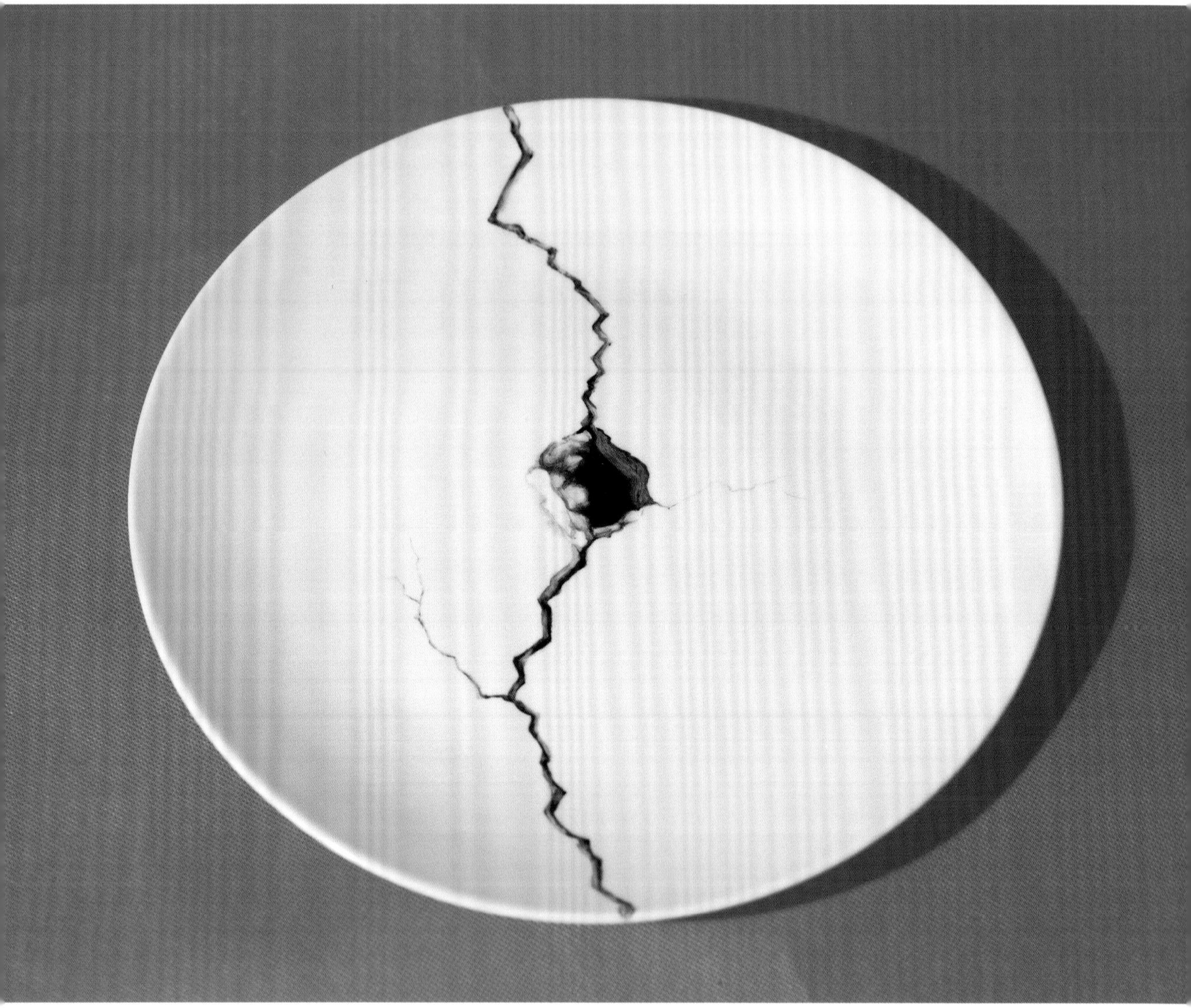

交叉的生命　瓷盘4　史洞文　2012

交叉的生命　瓷盘3　史洞文　2012

交叉的生命　盖碗底盘　史洞文　2012

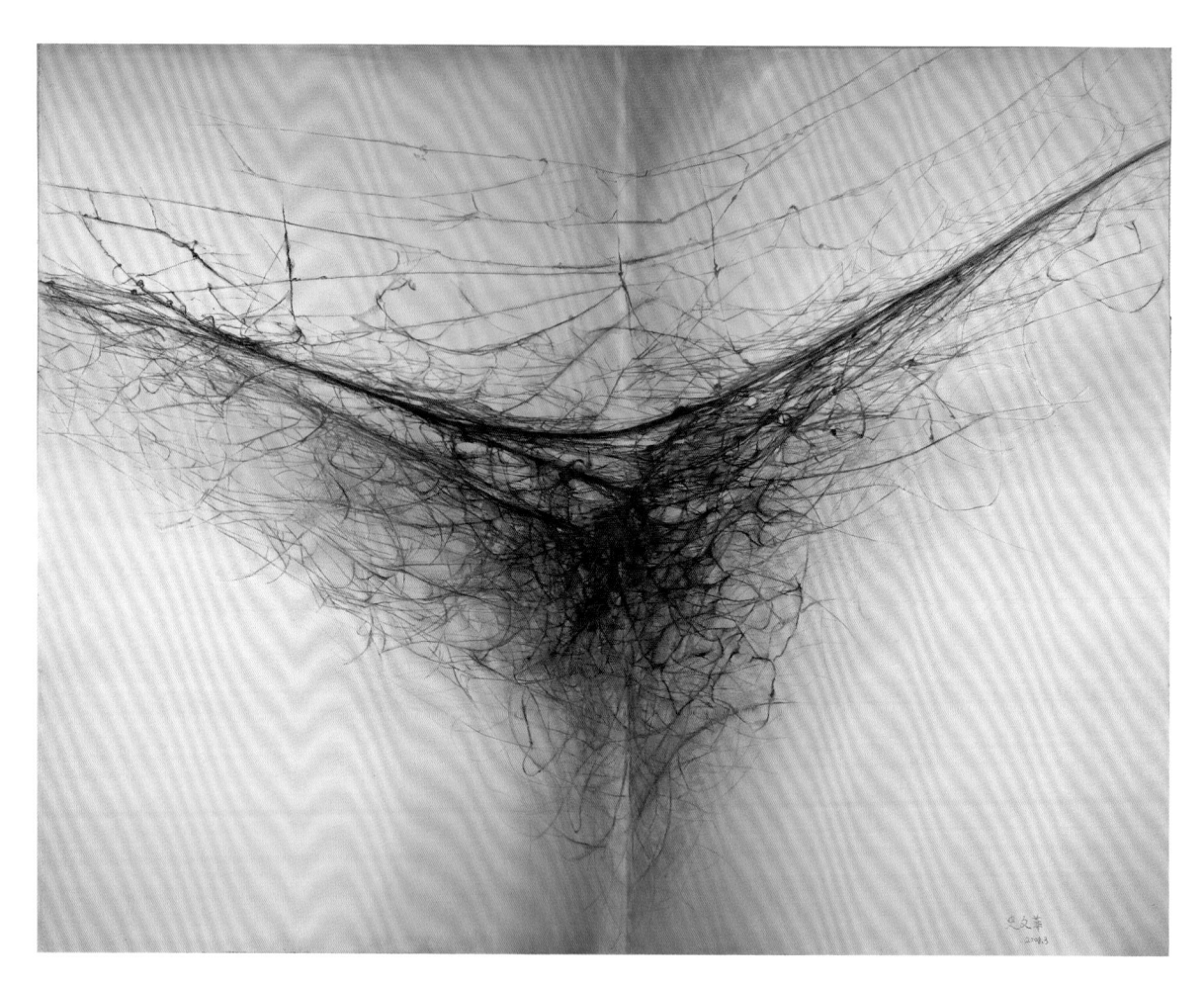

放大NO.1　油画　150cmX190cm　史洞文　2008

我们在一起NO.3　115cmX180cm（双张）　史洞文　2010

"洗牌-第一圈" 维也纳 展览现场·1 摄影 史洞文 2012

"洗牌-第一圈" 维也纳 展览现场·2 摄影 史洞文 2012

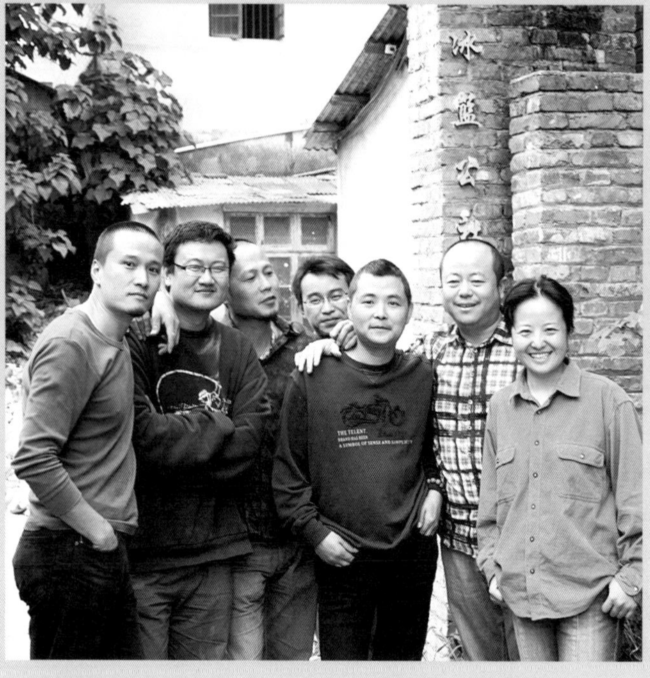

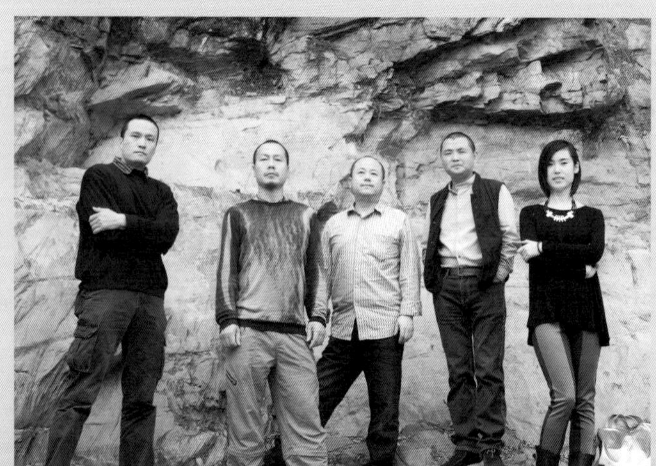

2012

从瓷开始，逍窑生活……

图书在版编目（CIP）数据

冰蓝公社 / 周墙等编著． —— 长春：时代文艺出版社，
2013.5

ISBN 978-7-5387-4181-0

Ⅰ．①冰… Ⅱ．①周… Ⅲ．①艺术－团体－介绍－中国
Ⅳ．①J124

中国版本图书馆CIP数据核字(2013)第071484号

出 品 人　　陈　琛
责任编辑　　陈秋旭

冰蓝公社2004-2012
周墙等　编著

出版发行 / 时代文艺出版社
地址 / 长春市泰来街1825号　时代文艺出版社　邮编 / 130062
总编办 / 0431－86012927　　发行科 / 0431－86012939
网址 / www.shidaichina.com
印刷 / 北京瑞禾彩色印刷有限公司
开本 / 889毫米×1194毫米　1 / 16　字数 / 20千　印张 /15
版次 / 2013年6月第1版　印次 / 2013年6月第1次印刷　定价 / 168元

图书如有印装错误　请寄回印厂调换